Die Magie des Weins

Max Allen

Die Magie des Weins

Eine Einführung

Fotos von Adrian Lander

Hallwag
München und Bern

Die englische Originalausgabe ist unter dem Titel
RED AND WHITE: WINE MADE SIMPLE bei
New Holland Publishers (Australia) Pty Ltd erschienen.

Deutsche Übersetzung: Wolfgang Kissel
Lektorat: Eva Meyer
Umschlag: Robert Buchmüller
Umschlagbild: Robert Dieth, Syndication, Jahreszeiten Verlag Hamburg
Satz: Utesch GmbH, Hamburg
Druck und Bindung: Times Offset, Malaysia

Hallwag ist ein Unternehmen des Gräfe und Unzer Verlags, München

ISBN 3-7742-0040-8

Hallwag

Vorwort

Der Verlag hat mich gebeten, das Manuskript für dieses Buch gewissermaßen unter technischen Aspekten durchzusehen. Ich war dazu bereit, weil ich Max Allen schätze und daher damit rechnete, dass meine Aufgabe durchaus nicht unerfreulich sein würde.

Als ich dann mit dem Lesen begann, merkte ich, dass ich das Manuskript nicht mehr aus der Hand legen konnte. Wie Wein hier zelebriert wurde, befeuerte meine Phantasie und nahm mich gefangen, wie es noch kein Weinbuch zuvor getan hat. Dabei hatte ich damals viel Arbeit, aber alles wurde zur Seite geschoben, während ich das Manuskript von Anfang bis Ende durchlas.

Ich fand so gut wie nichts daran auszusetzen, weder von der technischen Seite noch von einem anderen Kritikpunkt her. Denn dieses Buch kommt so nahe an Perfektion heran, wie es eine Einführung in den Wein überhaupt nur kann. Es ist wunderschön in lockerem Umgangston geschrieben; man kann Max fast erzählen hören. Und doch täuscht das: Die Gedanken strömen zwar klar und mühelos einher, doch jedes Wort ist mit Sorgfalt gewählt.

So gelingt Max das fast Unmögliche: Er holt den Wein von seinem Thron und huldigt ihm dennoch; er entmystifiziert ihn, erforscht und erläutert aber doch alle seine Facetten. Ich las das Manuskript, weil es mich faszinierte und erfreute, mit der größten Neugier, und dabei besitze ich doch wohl schon mehr Bücher über Wein, als die meisten Weinfreunde in ihrem ganzen Leben lesen werden.

Die Magie des Weins. Eine Einführung ist tatsächlich ein Buch sowohl für Einsteiger als auch für Kenner. Es regt dazu an, eiligst in den Keller oder in das nächste Weinfachgeschäft zu gehen, die beste Flasche zu öffnen, die man auftreiben kann, und sie auszutrinken. Dabei sollte man sich jedoch Zeit nehmen für ein Prosit auf das beste Erstlingswerk eines jungen Autors, das es je gegeben hat. Auf ein Neues!

James Halliday

Inhalt

Ein altes Thema aus neuem Blickwinkel,
der moderne Geschmack eines uralten Getränks –
ein Thema, über das man mehr erfährt,
indem man es beschnuppert und genießt.

Einführung

Dieses Buch handelt von den Grundfragen des Weins: was Wein ist, wie er entsteht und wie man ihn genießt. Es befasst sich mit den Dingen, die dem Einsteiger am Herzen liegen, mit den Traubensorten und wie sie schmecken, wie die verschiedenen Weinarten entstehen, bis hin zum Verkosten und wie mäßiger Weingenuss zu einem längeren Leben verhelfen kann.

Es ist kein Lexikon, kein Atlas und auch kein Einkaufsführer. Hier findet man keine Jahrgangstabellen, keine Sterne, keine Punkte, keine Statistiken, keine Diagramme, keine Landkarten. Lexika, Atlanten und Einkaufsführer, in denen man alles das und noch mehr erfahren kann, gibt es schon die Menge.

Dieses Buch wurde ursprünglich für eine neue Generation australischer Weinfreunde geschrieben, die Wein gerade erst kennen lernen und Grundsätzliches darüber erfahren möchten. Doch obwohl es den Wein aus einer australischen Perspektive betrachtet, ist es kein Buch über australischen Wein – es befasst sich mit Wein überhaupt und wird alle neuen Weinfreunde ansprechen, ganz gleich, ob sie nun in Melbourne oder München, in Sydney oder San Francisco, in Brisbane oder Bern zu Hause sind. Es ist kein Führer durch den australischen Wein, sondern ein australischer Führer durch den Wein.

Hier wird ein altes Thema aus einem neuen Blickwinkel betrachtet, der moderne Geschmack eines uralten Getränks – ein Thema, über das man mehr erfährt, indem man es beschnuppert und genießt. Das Ziel unserer Bemühungen in Wort und Bild ist stets, unsere Leserinnen und Leser mit ins Glas zu nehmen, sie in die Atmosphäre von Weinberg und Keller einzutauchen, den Wein für sie lebendig werden zu lassen. Wir meinen, dass mehr Verständnis für Wein auch zu mehr Genuss daran verhilft.

Max Allen und Adrian Lander

Wein ist ...

... allgegenwärtig. Er steht auf unzähligen Tischen neben unzähligen mit Liebe gekochten Gerichten; er ist bei tausend Grillpartys mit von der Partie; über ihn wird in Zeitungen und Zeitschriften haarklein geschrieben; er steht auf Regalen über Regalen. Wir haben es gut. Im 21. Jahrhundert ist Wein ebenso Teil der populären Kultur wie Musik, TV, Sport und – vor allem – Essen, doch das war nicht immer so. Viele tausend Jahre lang stand der Wein an entgegengesetzten Enden des gesellschaftlichen Spektrums: Er wurde in den Ländern, wo er wuchs, von Millionen von Arbeitern und Bauern in Massen als schlichtes Alltagsgetränk vertilgt und in Ländern, die ihn importieren mussten, von der Oberklasse mit Mysterien und elitärem Status umgeben. Heute braucht Wein weder erduldet noch in höchste Sphären erhoben zu werden. Er ist einfach da, allgegenwärtig, für jedermann zugänglich.

Der Alte kommt seit über dreißig Jahren jeden Tag nach der Arbeit ins Wirtshaus. Hier ist Weinbauland, und viele in dieser australischen Kleinstadt haben auf die eine oder andere Art mit Wein zu tun, entweder als Winzer oder, wie der Alte, in einer der vielen Kellereien, von denen manche fast wie Raffinerien aussehen und viele hundert Arbeitskräfte beschäftigen.

Heute war es besonders heiß und staubig, und der Alte ist nun froh, sich an seinem Stammplatz am Ende der ramponierten Theke in der kühlen Gaststube niederzulassen. Er nickt den vertrauten Gesichtern ringsum zu. Der Barmann nimmt eine Flasche Portwein aus dem Kühlschrank und gießt wie alle Tage ein Bierglas bis zum Rand voll. Er schiebt es dem Alten zu, und der nimmt dankbar einen Schluck daraus. Früher gab es hier nur Bier, Schnaps und aufgespriteten Wein wie diesen Port. Heute steht im Kühlschrank auch Sekt und Chardonnay, und im Laden nebenan gibt es die verschiedensten Weine zu Dutzenden. Nicht dass der Alte sie probieren wollte – nein, besten Dank! Er bleibt seinem eisgekühlten Port treu.

Wein ist ein großes Geschäft. Vom Weltweinhandel könnte ein kleineres Land ein Jahr lang leben. Hunderttausende Menschen in aller Welt verdienen sich ihren Lebensunterhalt mit Traubenanbau, Weinherstellung und -verkauf. Australien produziert jährlich rund 7 Millionen Hektoliter, das sind aber gerade nur gut 2 % der Weltproduktion von 280 Millionen Hektolitern. Doch selbst wenn der Weinbau zur Weinindustrie wird, er bewahrt sich stets Romantik im Herzen. Wer einen Weinberg besitzt, kommt sich manchmal vor wie einer, der wie wild Millionen von Dollarmünzen in eine lange Zementröhre steckt, nur um schließlich nach zehn Jahren am anderen Ende wieder einen Dollar herausrutschen zu sehen. Und trotzdem gibt immer wieder so mancher seinen Beruf auf, zieht in den Busch und pflanzt Reben und versucht wie so viele andere vor ihm, Wein so gut zu machen, wie er kann. Sie alle sind wie verhext.

Schweißperlen stehen auf der Stirn des Auktionators. Im Raum sitzen zwei scharfe Bieter, die darauf aus sind, den Posten Nr. 95 zu ergattern: 12 Flaschen 40 Jahre alten australischen Shiraz in bestem Zustand in der Originalholzkiste. Dieser Wein gilt in der Weltfachpresse als das feinste Beispiel seiner Art, und beide Bieter – seriöse Sammler – möchten die Kiste gern in ihrem Keller sehen.

Das letzte Gebot liegt gerade etwas über dem höchsten bisher für diesen Wein bezahlten Preis. Der Auktionator ruft den Posten erneut aus und fragt, ob dies das letzte Gebot sei. Im Raum steigen Spannung und Hitze fast ins Unerträgliche. Es geht um fünfstellige Summen. Hundert Augen sind auf die beiden Bieter gerichtet, von denen nun der eine überlegt, ob er den Preis noch höher treiben soll. Schließlich tut er es, und das Publikum schnappt nach Luft. Der andere Bieter schüttelt den Kopf, und nun weiß der Auktionator, dass die Sache überstanden ist. Der Hammer fällt, und alle atmen wieder durch.

Einen kurzen Gedanken verschwendet der Auktionator darauf, ob die zwölf Flaschen wohl jemals getrunken werden. Viel wahrscheinlicher ist, dass die Kiste gar nicht erst geöffnet wird, sondern der Sammler sie wieder ein paar Jahre hütet, bis der Wert noch höher steigt. Jammerschade, denkt er. Vor einem Jahr hatte er eine Flasche von diesem Wein getrunken, und die hatte zwar ungewöhnlich, aber doch verblichen und alt geschmeckt. Wenn diese Kiste einmal geöffnet wird, so denkt er, ist ihr Inhalt bestimmt schon kein Genuss mehr.

Wein ist Magie. Dass etwas so Bescheidenes wie vergorener Traubensaft so viel Freude machen kann wie Musik, mich auf so abenteuerliche Wege führt wie eine Wanderung durch die Wildnis, mir ein größeres Wohlgefühl als jede Pille vermittelt und besser schmecken kann als das raffinierteste Gericht, erfüllt mich immer wieder mit Staunen. Kein Wunder, dass der Wein seit Anbeginn der Menschheitsgeschichte mit Göttern in Verbindung gebracht worden ist – mussten denn die Alten nicht glauben, dass ein auf natürliche Weise entstandenes Elixier, das nicht nur gut schmeckte, sondern auch so erfreulich das Gemüt erhellte und die Stimmung belebte, einfach aus einer anderen Welt kam? Angefangen von Bacchus, dem rosigen, weinbefleckten Gott der Schwelgerei, der sich in einem Bottich voll klebrig-süßer Trauben suhlte, bis hin zu der tiefernsten Vorstellung vom Blut Christi bildet der Wein seit Jahrhunderten Essenz und Heil westlicher Kulturen.

Früher hatte sie nie Wein getrunken, obschon ihre Eltern gern Wein tranken und der Vater einen Weinkeller besaß. Sie erinnerte sich an endlose Familienausflüge in die Weinberge und an langweilige Stunden in Probierstuben.

Als sie zur Uni ging, entdeckte sie den Tütenwein. Mit dem war sie höchst zufrieden, bis sie eines Tages im Weinladen einen Probeschluck eines teuren Weins aus einem Weingut der Gegend angeboten bekam, den zu kaufen ihr nicht im Traum eingefallen wäre. Aber was sollte es – die Weinprobe war ja kostenlos.

Dieser Wein nun war ganz anders als alles, was ihr zuvor begegnet war: köstlich, unwiderstehlich, ja magisch. Es hatte sie gepackt, und schon zwei Wochen später fuhr sie an einem Regentag hinaus. Auf dem kleinen Parkplatz vor dem Weingut quetschte sie ihren verbeulten Datsun zwischen zwei funkelnagelneue BMWs.

Drinnen unterhielten sich ein paar sichtlich gut betuchte ältere Leute über die Weine, die sie probierten, mit Ausdrücken, die ihr unverständlich waren. Und sie konnte es nicht fassen, dass diese Leute untereinander über die viel zu hohen Preise murrten. Vielleicht war ja der Wein, den sie im Laden probiert hatte, gar nicht so gut, wie sie meinte? Was verstand sie denn schon davon? Nervös nahm sie einen Schluck aus dem Glas, das ihr über die Theke gereicht wurde, und da war es wieder, dasselbe untergründige Aroma. Sie gab das Geld, das sie die ganze Woche über dafür gespart hatte, und ging, die Flasche fest im Arm. Daheim lud sie ihren Freund zu sich ein, und gemeinsam tranken sie den Wein bis auf den letzten Tropfen aus.

Wein ist zum Trinken da. Er gehört auf den Tisch. Zum Essen. Am besten vergisst man, was man je gelesen hat, und bricht ganz nach Belieben mit allen Regeln. Man kann feinen Rotwein auch aus Zahnputzbechern trinken oder Eiswürfel in frischen jungen Weißwein werfen. Experimentieren ist erlaubt. Man kann auch Rotwein zu weißem Fisch oder Weißwein zu dunklem Fleisch trinken – vielleicht schmeckt es ja nicht besonders, vielleicht aber auch besonders gut. Man muss alles einmal probiert haben. Man darf sich begeistern, einen Weinkeller bauen, zu Weinproben gehen, Wein im Weingut kaufen, alle Bücher über Wein lesen, sogar die Fachausdrücke lernen und viel Geld ausgeben. Und man darf auch den teuersten Champagner zu Fish and Chips am Strand und den teuersten Rotwein zum Grillen trinken. Wein soll man jeden Tag trinken – Wein tut immer gut.

Ich erinnere mich noch an den Geschmack des ersten Weins, der mich in seinen Bann gezogen hat. Zwar hatte ich schon manchmal Wein getrunken, meistens aber Bier. Ich war gerade mit dem Studium in England fertig und kam auf Familienbesuch nach Australien, und an einem Wochenende machten wir einen Ausflug in eine Weinbaugegend. Das waren zwei Stunden Autofahrt bei größter Hitze, und alle waren erledigt, als wir das erste Weingut sichteten. Ich hatte zwar die Nase voll, aber das Glas Shiraz, das mir jemand in die Hand drückte, probierte ich dann doch.

Da kam es mir vor, als hätte jemand eine Tür in eine andere Welt aufgetan. Aus dem Glas stieg mir der Duft von Früchten und frisch geröstetem Kaffee und Lakritze entgegen – und dann der Geschmack! Der war ganz anders als bei dem billigen französischen Rotwein, den ich kannte. Wenn Wein so sein konnte, dann wollte ich mehr davon.

Daheim in England musste ich zunächst stempeln gehen, aber von meinem Arbeitslosengeld gab ich so viel, wie ich mir leisten konnte, für die besten Weine aus, die ich fand. Ich verkaufte sogar manche meiner Habseligkeiten, um mir Weinbücher anzuschaffen, und sparte am Essen, damit ich mir gute Weingläser leisten konnte. Ich war weinbesessen und brauchte bald mehr Geld für meine Passion. Da bekam ich eine Anstellung in einem Weinfachgeschäft. Und dort verliebte ich mich in eine Australierin, die mich schließlich wieder dorthin mitnahm, wo alles angefangen hatte. Heute habe ich als Weinschriftsteller die beneidenswerte Aufgabe, über das zu schreiben, was ich liebe.

Und nun hoffe ich, dass meine Worte auch für andere dieselbe Tür auftun und ihnen die Leidenschaft für den Wein einimpfen mögen, die mir nun schon seit Jahren so viel Freude bereitet.

Weinberg

Der Geschmack des Weins

Wein ist das bequemste Nahrungsmittel der Welt. Es wartet in der Flasche nur darauf, genossen zu werden. Man braucht es nicht zu kochen oder mit etwas anderem zu vermischen, es zu garnieren, klein zu hacken oder in eine Schüssel zu schlagen. Man braucht nur den Korken zu ziehen und einzuschenken. Ganz einfach. Alles, was für ein möglichst genussreiches Trinkerlebnis getan werden muss, ist bereits geschehen, bevor man die Flasche kauft (höchstens muss man sie vielleicht eine Zeit lang in den Kühlschrank stellen). Eine lange Kette spannt sich vom Korken über den Weinladen hinaus zum Weingut, zum Keller, über Tanks, Fässer und Keltern, Wannen, die Hand des Lesers, hin zur Traube und weiter über den Rebstock zur Sonne, zum Regen, zur Erde.

Dort nimmt alles seinen Anfang. Weingenuss vollzieht sich meist in städtischer Umgebung, das Weinmachen dagegen stets auf dem Land – in manchmal unwirtlicher, manchmal lieblicher, aber immer schöner Landschaft. Wenn man verstehen will, woher der vielfältige Geschmack des Weins kommt, ist es hilfreich, einiges über Trauben und Reben und Weinberge und den Weinbau zu wissen. Man braucht nicht unbedingt hinauszufahren, in den Weinbergen herumzustreifen, sich Schuhe und Hände schmutzig zu machen – es genügt, die folgenden Seiten durchzulesen, um besserem Verständnis näherzukommen.

Man kann Stroh nicht zu Gold spinnen. Der Ausdruck gefällt mir. Es steckt so etwas wie altvertraute Weisheit darin.

Und er passt großartig zum Weinmachen, denn wie man sich auch bemüht – aus schlechten Trauben wird nun einmal kein guter Wein.

Eigentlich eine Binsenweisheit, aber man kann nur staunen, wie oft diese schlichte Wahrheit schon missachtet worden ist.

Zum Glück geben die Weinmacher inzwischen zu, dass sie mit allen ihren blitzblanken Edelstahltanks und den teuersten Fässern und den klinisch reinsten Kellern aus nicht ganz brillanter Frucht eben nur nicht ganz brillanten Wein keltern können. Deshalb richtet sich alle Aufmerksamkeit auf den Weinberg und darauf, dass zuallererst die Trauben in Ordnung sind. Die bestmögliche Frucht heranzuziehen ist im 21. Jahrhundert zur ersten Sorge aller Weinerzeuger geworden. Alle beschäftigen sich nun mit dem Boden und den Reben, und alle wiederholen sie gebetsmühlenhaft den Spruch «Wein wächst im Weinberg».

Aus dem Weinberg kommt der wahre Geschmack des Weins. Die Rebsorte, der Boden, auf dem sie steht, wie sie wächst, wie viel Sonne und Wasser sie bekommt und wann ihre Trauben geerntet werden – alles das wirkt sich auf den potentiellen Geschmack aus, der im Keller der Frucht abgewonnen werden kann. Im Keller entscheidet sich der Stil des Weins, je nach den Methoden und Techniken, die der Kellermeister anwendet.

Doch wir wollen nicht vorgreifen. Sehen wir uns zuerst die Elemente an, die den Geschmack beeinflussen, und zuallererst die Rebsorten, denn sie machen vermutlich das meiste am Geschmack des Weins aus.

Mit das Beste, was dem Wein in den vergangenen zweitausend Jahren passieren konnte, ist die noch relativ junge Sitte, den Namen der Rebsorte – oder, wenn es sich um eine Mischung handelt, der Rebsorten – in großen Buchstaben auf dem Etikett zu vermerken. Geheimnisumwittert sind die Rebsorten nicht. Es ist bei den Trauben wie bei anderem Obst oder bei Gemüse: Verschiedene Sorten, Arten, Mutationen, Klone liefern unterschiedlichen Geschmack. Man verlangt von einem Granny-Smith-Apfel ebenso wenig, dass er wie ein Red Delicious schmeckt, wie man von Chardonnay-Trauben verlangt, dass sie wie Shiraz schmecken. Wenn man sich also an den typischen Geschmack einer Sorte gewöhnt hat, dann wird die Wahl des Weins, den man mag, in einigermaßen sicherer Erwartung dessen, wie er schmeckt, zu einer einfachen Sache.

Weißwein

Zum Thema weiße Trauben

Chardonnay

Ich liebe Chardonnay. Ich meine es wirklich so, ich liebe Chardonnay. Und da bin ich nicht allein: Alle lieben Chardonnay. Chardonnay ist die große Liebe der Weinwelt.

Die Winzer lieben die Chardonnay-Rebe, weil sie sich fast überall bequem kultivieren lässt und weil sie so beliebt ist und ihre Frucht deshalb stets einen guten Preis erzielt.

Die Kellermeister lieben Chardonnay, weil er zu den flexibelsten, gestaltungsfähigsten Traubensorten gehört. Im Keller lassen sich Chardonnay-Trauben zu den unterschiedlichsten Stilen verarbeiten, vom frischen, spritzigen bis zum vollen und komplexen, fassvergorenen, körperreichen trockenen Weißwein.

Und die Weinfreunde überschlagen sich fast im Verlangen nach Chardonnay, weil sein Geschmack meist so unmittelbar und unumwunden köstlich und füllig ist. Anders gesagt: Der Wein der Chardonnay-Traube ist leicht erfassbar. Verbraucherfreundlich.

Es war einmal eine Zeit, sie liegt gar nicht lange zurück, da hatte noch niemand etwas von Chardonnay gehört. Noch vor dreißig Jahren herrschte in Australien als Rebsorte für Qualitätsweißwein der Riesling vor, und es wuchs hier nur eine Hand voll Chardonnay. Hätte man damals einen Kellermeister (in jener Zeit waren Kellermeisterinnen noch rar) gefragt, wie Chardonnay schmeckt, dann hätte er sich vermutlich mit der Beschreibung schwer getan.

Aus unerfindlichen Gründen gehörte vor zwei-, dreihundert Jahren, als der Weinbau allmählich aus der Alten Welt in die damaligen Kolonien sickerte, der Chardonnay nicht zu den Rebsorten, die die Winzer mitnahmen, obwohl er für zwei der größten Weinstile Frankreichs (weißen Burgunder und im Zusammenwirken mit Pinot noir und Pinot meunier für Champagner) verantwortlich zeichnet.

In Australien tauchte er nicht vor dem Beginn der 1970er-Jahre in kommerziell verwertbaren Mengen auf – zehn Jahre nachdem er in Kalifornien aufgekommen war und etliche Jahre bevor er sich in Neuseeland festsetzte. Als die Australier ihn aber endlich erprobt hatten, waren sie ihm verfallen. Heute treibt die Welt auf einer Chardonnay-Welle: Die Winzer bauen ihn an, die Kellermeister keltern ihn, und die Weinfreunde trinken ihn – überall.

Chardonnay ist zum Cola unter den Weinen geworden. Wer wüsste nicht, dass man selbst in den gottverlassensten Gegenden Cola-Automaten antrifft? Nun, wohin man heute in dieser Welt auch kommt – nach Moldova, Bhutan, Uruguay oder England –, irgendwo hat jemand Chardonnay gepflanzt und macht davon einen gefälligen, leicht pfirsichduftigen und toastwürzigen trockenen Weißwein.

Aber das ist eigentlich nicht der Chardonnay, den ich liebe. Zwar mag ich ihn auch so, aber ich möchte lieber einen Chardonnay aus einer Weltgegend, wo er sich wirklich und wahrhaftig gut bewährt, etwa aus Burgund oder vom Margaret River oder aus den Adelaide Hills in Australien oder aus dem Napa Valley in Kalifornien – da könnte ich in der Komplexität eines großen trockenen Weißweins schwelgen. Ich möchte jenes weite Geschmacksspektrum erleben, das je nach Bereitungsart von Zitronen, Äpfeln und Grapefruit (in leicht oder gar nicht mit Holz behandeltem Stil) über Melonen, Pfirsich und Cashew (im mittelschweren Stil) bis hin zu Toast, Butter, Feigen und Honig (im schwereren, fassvergorenen und -gereiften Stil) reicht. Da bin ich glücklich.

Sauvignon blanc

«Urks! Was zum Teufel ist denn das?»

«Das ist ein guter Sauvignon blanc.»

«Igitt! Das riecht ja wie Katzenpisse auf Tomatenkraut!»

«Oh ja. Herrlich, nicht wahr?»

Ein wirklich guter, noch junger Sauvignon blanc (in den ersten zwei Jahren nach der Abfüllung) teilt das Publikum in zwei Lager: Die einen finden seinen Duft und Geschmack herrlich, die anderen können ihn nicht ausstehen.

Der Zwiespalt beginnt schon, wenn die Traube noch am Rebstock hängt. Anders als beim Chardonnay, der als Traube im Weinberg eigentlich recht nichts sagend schmeckt und erst vergoren und im Keller behandelt, vielleicht auch noch in der Flasche gealtert werden muss, um zu Komplexität zu gelangen, ist beim Sauvignon blanc das für ihn Typische schon in der reifen Beere vorhanden, und bei der Weinbereitung geht es vor allem darum, diese Geschmackseigenart einzufangen. Zerkaut man die staubige hellgrüne Schale einer unter dem schattigen Laubdach gepflückten

Sauvignon-blanc-Traube an einem heißen Tag, dann spürt man im Mund all jene Nuancen, die man auch im Wein erwartet.

Bei einem guten Sauvignon blanc reichen diese Nuancen von frischem Grasschnitt über Spargel und Stachelbeeren und die schon genannten pikanteren Aromen bis hin zu Passionsfrucht und anderen tropischen Noten – sogar animalischen Tönen wie Achselschweiß (kaum zu glauben, aber durchaus köstlich). Guter Sauvignon blanc sollte auch saftige Säure, prickelnde Lebendigkeit und intensive Frucht mit einem manchmal feuersteinähnlichen trockenen Aroma vereinen.

Ich weiß. Das ist der klassische Fall des Weinschriftstellers, der sich noch mit bizarren Geschmacksbeschreibungen herumschlägt, wenn verständige Menschen den Wein längst getrunken haben, aber guter Sauvignon blanc überwältigt mich immer wieder.

Freilich wird er nur zu oft in warmen Gegenden angebaut, wo er seine spritzige Art einbüßt und zwar leicht fruchtigen, ansonsten aber flauen Weißwein erbringt. Eine gewisse Kühle im Weinbergklima ist vonnöten, damit ausgewogene Sauvignon-blanc-Weine entstehen. Deshalb sind die günstigsten Regionen für die Sorte zum Beispiel Marlborough auf der Südinsel Neuseelands, die Adelaide Hills in Australien und das Loire-Tal in Frankreich – alles Gegenden, in denen es ausgesprochen kalt werden kann. Wer auf diese Namen auf Weinetiketten achtet, wird selten eine Enttäuschung erleben.

Sauvignon blanc glänzt aber nicht immer allein. In Mischungen mit Sémillon beispielsweise ergänzt sich der Geschmack der beiden Trauben auf schönste Weise, wobei die karge grasige Art der einen durch die vollere Saftigkeit der ande-

«Urks! Was zum Teufel ist denn das?»
«Das ist ein guter Sauvignon blanc.»
«Igitt! Das riecht ja wie Katzenpisse auf Tomatenkraut!»
«Oh ja. Herrlich, nicht wahr?»

ren abgerundet wird. Sauvignon/Sémillon-Weine erfreuen sich in Australien, wo sie oft ohne Fassausbau in frischer, sauberer, als Begleiter zum Essen gut geeigneter Art bereitet werden, immer größerer Beliebtheit. Manchmal werden sie aber auch durch Vergären und Ausbau im Fass nach dem Vorbild der Weißweine aus Bordeaux mit Würze versehen: trocken, mit einem Anflug von grüner Art und einer Spur Eichenholztoast.

Sémillon

Manchmal wundere ich mich über mich selbst. Da bilde ich mir doch ein, ich sei ziemlich aufgeschlossen und fortschrittlich, und dann ertappe ich mich dabei, dass ich Dinge sage, von denen ich glaube, mein Großvater könnte sie sagen – wenn er Weintrinker wäre.

Wenn es sich um Sémillon handelt, passiert mir das sogar öfters, weil die besten Seiten dieser Traube von künftigen Weintrinkergenerationen verkannt werden könnten, falls sie nicht von einem gewissenhaften Gemüt darauf aufmerksam gemacht werden. (Klar?)

Zwar schmecken Weine der Sémillon-Traube anfangs recht neutral, wenn sie aber aus bestimmten Gegenden (dem warmen, feuchten Hunter Valley in Australien) stammen, mit einem bestimmten Reifegrad (nicht zu reif, eher noch grün) gelesen und auf bestimmte Art (einfach, ohne Eichenfassausbau) bereitet werden, dann können sie in zehn, zwanzig Jahren zu höchst bemerkenswerten, einzigartigen, komplexen Weißweinen heranreifen.

Allerdings lässt sich der Sémillon auch vollreif ernten, vielleicht durch Fassausbau ein wenig aufmöbeln und ein Jahr nach der Lese auf den Markt bringen – dann trinkt er sich mit größtem Genuss im Handumdrehen. Die Stärke dieser reiferen, früh trinkbaren Sémillon-Variante liegt in saftigem, zitronenfrischem Geschmack und in schöner Vollmundigkeit – deshalb lässt er sich auch gut mit Sauvignon blanc mischen und wird überall im Land dazu benutzt, karg ausgefallenen Chardonnay auszupolstern und zu «liften».

Der Weinerzeuger hat also zwei Möglichkeiten. Er kann Wein bereiten, der sich rasch verkauft und Geld in die Kasse bringt, oder er produziert Wein, den er selbst oder der Käufer jahrelang aufbewahren muss, bis er voll zur Geltung kommt. Leider denken die meisten Weinerzeuger in wirtschaftlichen Dingen rationell und entscheiden sich gewöhnlich für die erstere Version. (Es gibt noch eine Option: Man kann darauf setzen, dass Sémillon-Trauben von der Edelfäule befallen werden, so dass sie sich zu einem köstlichen süßen Dessertwein verarbeiten lassen.)

Das ist genau der Punkt, an dem ich mich in einen alten Nörgler verwandle, der in sein Bier plärrt, dass doch keiner mehr die alten Traditionen hochhält, dass die Weintrinker heute bloß auf eilig zurechtgemachte Fruchtigkeit aus sind und dass Lotto, Toto und Pay-TV uns alle zugrunde richten.

Zum Glück gibt es noch ein paar Winzer, die den Sémillon im traditionellen Stil bereiten und ältere Weine auf den Markt bringen, also steht es doch noch nicht gar so schlimm. Aber es gilt aufzupassen. Wenn wir diesen klassischen fassgereiften Stil nicht kaufen und trinken, dann wird er verschwinden, und die Herrlichkeit jener vollen, öligen, toastwürzigen alten Sémillons wird für die Welt auf immer verloren sein.

Riesling

Bitte, diesen Abschnitt nicht lesen! Wer es doch tut, könnte in Versuchung geraten, ein Glas guten Riesling zu probieren, und wer das tut, kann leicht auf den Geschmack kommen, und dann steigt die Nachfrage – und das können wir gar nicht brauchen, weil der Riesling dann wieder populär wird und sein Preis steigt, und das wäre eine Katastrophe.

Derzeit ist der Riesling gegenüber dem modischeren Chardonnay und Sauvignon blanc vergleichsweise billig, weil er an einem akuten Image-Problem leidet.

Der Name Riesling ist einfach zu oft missbraucht worden. Früher nannten die Winzer in Australien alle möglichen Trauben «Riesling» – aus Bequemlichkeit. Schlimmer noch, bald wurde der Name *Riesling* als Gattungsbegriff für billigen, leicht fruchtigen Weißwein verwendet. Um den echten Riesling davon zu unterscheiden, entstand hierzulande der Name «Rhine Riesling» als Reverenz an die Herkunft der Traube.

Leider machten es sich in den 1970er- und 80er-Jahren die deutschen Winzer ebenfalls bequem und warfen Fluten von billigem lieblichem Wein auf den Markt, der dem guten Ruf des edlen Rieslings abträglich war. Heute bringen Spitzenwinzer in Deutschland wieder wirklich großartige Weine hervor, und in Australien ist per Gesetz der Gebrauch des Namens Riesling als Gattungsbegriff unterbunden worden; freilich, so glaube ich, herrscht hier doch noch in vielen Köpfen Konfusion.

Aber vergessen wir alles das und fangen wir von vorn an. Wenn ich in diesem Buch «Riesling» sage, dann meine ich den echten: die edle Weißweintraube und nichts anderes. Okay? Gut.

Und was darf man von einem guten Riesling erwarten? Zuallererst trockene Art. Weil der Name so lange für ein lieblich-fruchtiges Stöffchen missbraucht wurde, meinen viele immer noch, Riesling müsse lieblich sein. Nun kann der Riesling auch üppige, teure edelsüße Weine erbringen, und auch ein guter deutscher Riesling der halbtrockenen Art ist ein Genuss, doch guter Riesling aus der Neuen Welt – und großer, körperreicher Riesling aus dem Elsass – ist meist trocken. Blumig, würzig-fruchtig und lebendig-saftig, aber trocken.

Riesling ist eine früh reifende Sorte und eignet sich deshalb für kühlere Gegenden wie Deutschland, das Elsass und die Region Great Southern in Westaustralien, weil er nicht so sehr viel Sonne braucht, um reiche Geschmacksfülle zu entfalten. Er gedeiht aber auch sehr gut in etwas wärmeren Gegenden, so im Clare Valley und auf den Hügeln über dem Barossa Valley in Südaustralien.

Im Eichenfass wird er so gut wie nie ausgebaut, gehört aber doch zu den köstlichsten, feinsten Weißweinen der Welt. Aber bitte nicht weitersagen, sonst wollen ihn alle haben!

Gewürztraminer

Während nun also der Riesling von vielen Weinfreunden missachtet wird, so ist der Gewürztraminer in tiefsten Misskredit geraten. Das hat er sich allerdings selbst zuzuschreiben: Sein größter Vorzug bringt ihn zu Fall.

Gewürztraminer ist einfach zu entgegenkommend. Schon wenn man die Flasche öffnet, merkt man gleich, was ich meine. Sein unverkennbares Aroma von Litschifrucht und Rosenwasser verrät ihn sofort. Und weil sich die Traube so gut für Wein der lieblichen bis süßen Art eignet, wird er in Australien auch so behandelt – oft in Mischung mit Riesling (der Traminer/Riesling hat viel zur Popularität des australischen Weins beigetragen).

Das alles hat nun dem Gewürztraminer unumstößlich den Ruf einer lieblichen Traube eingetragen. Dabei kann er auch erstaunlich guten trockenen Weißwein liefern – der aber ist kaum gefragt.

Gut bereitet (von den wenigen Erzeugern in Australien, die ihm treu bleiben, oder von den hartnäckigen Gewürztraminer-Anhängern in Neuseeland oder in seiner Heimat, dem Elsass), vereint der Gewürztraminer intensive exotische Frucht mit komplexer, würziger, trockener Art und ist ein großartiger Begleiter für Speisen.

Die Meeresfrüchte-Weißweine

Ein sonnenheißer Tag am Swimmingpool. Auf dem Tisch steht eine große Platte mit hoch aufgetürmten gegrillten Meeresfrüchten – Muscheln, Tintenfisch und Krabben, alles saftig und füllig. Was soll man dazu trinken? Einen alten Rotwein? Nö. Einen schweren, eichenholzgewürzten Chardonnay? Auch nö. Eine Menge kühlen, fruchtigen, unkomplizierten, erfrischenden Weißwein? Oh ja.

Chenin blanc

Die Traube stammt aus dem Loire-Tal in Frankreich – einer Gegend also, in der gute Meeresfrüchte Tradition haben – und ist in der Neuen Welt vor allem nach Südafrika und Australien gelangt. Ihrer recht neutralen, schlichten Fruchtigkeit wegen wird sie gern mit anderen weißen Trauben gemischt. Für sich allein und nicht im Fass ausgebaut aber zeigt ein guter Chenin blanc sehr ansprechende, trockene, an grüne Äpfel erinnernde Art. An der Loire und in Südafrika bringt die Traube allerdings auch erstaunlich volle, langlebige Süßweine hervor – sonstwo auf der Welt befassen sich nur wenige Erzeuger mit dieser Art.

Pinot gris

Die Traube, auch als Pinot grigio oder Grauburgunder bekannt, ist wie der Gewürztraminer eigentlich eher graurosa in der Farbe, liefert aber wasserhellen Weißwein. In der Neuen Welt ist sie ein Neuling, hat offenbar aber eine gesunde Zukunft vor sich. In Italien bringt der Pinot grigio frische Weißweine mit Melonen, Nüssen und Honig im Geschmack hervor: perfekte Weine zu Meeresfrüchten. Im Elsass liefert der Pinot gris körperreichere, trockene, würzige Weißweine, die herrlich zum einheimischen Zwiebelkuchen und zur *charcuterie* passen. In Australien und Neuseeland darf man mit einer Art rechnen, die zwischen diesen beiden liegt – auf jeden Fall sollte man die Sorte im Auge behalten.

Verdelho

Diese Traube hat nur an zwei Stellen in der Welt wirklich festen Fuß gefasst: auf der kleinen Atlantikinsel Madeira, wo sie einen halbtrockenen aufgespriteten Wein liefert, und in Australien, wo sie meist trocken bis halbtrocken gekeltert wird. Der sehr blumige, zitrusfruchtige, ansprechende Verdelho hat manchmal ein wenig von der grasigen Art des Sauvignon blanc und von der Zitronenfrucht eines guten Sémillon, und er könnte auch langlebig sein – wenn er nicht jung so verflixt lecker wäre. Die Australier bauen Verdelho manchmal im Eichenfass aus; mir wäre es lieber, sie würden das lassen. Dann riecht der Wein nämlich einfach nur noch nach Eichenholz, und die schöne Zitrusfrucht geht verloren.

Colombard

Oh Colombard. Armer alter Colombard! Von «seriösen» Weinerzeugern wirst du über die Schulter angesehen, und doch wirst du von vielen Weinfreunden Tag für Tag freudig getrunken! Übrigens passt Colombard vielleicht am besten zu Meeresfrüchten. Atemberaubendes bringt er wohl nie zuwege, aber er liefert zuverlässig süffigen, fruchtig-frischen Weißwein, oft in Mischungen etwa mit Chenin blanc. Reifer Colombard weist oft pikante, üppig tropische Frucht auf, bewahrt sich aber immer genug Säure zum Ausgleich.

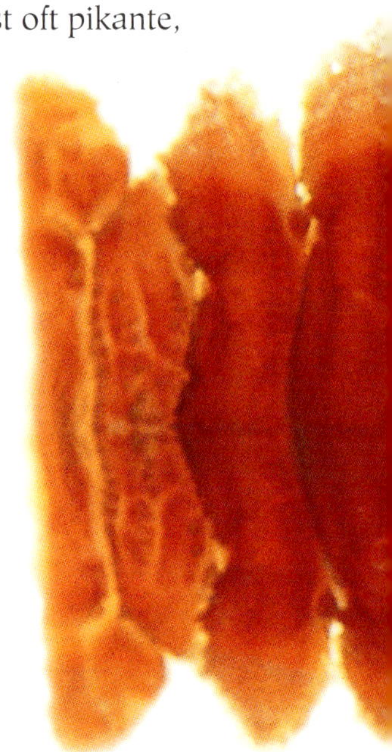

Die Jelängerjelieber-Weißweine

Diese drei Rebsorten werden in so kleinen Mengen kultiviert (jedenfalls im Vergleich mit den endlosen Chardonnay-Feldern), dass sie streng genommen nur beiläufige Erwähnung verdienen. Für das australische Klima sind sie aber so gut geeignet, und sie bringen Weine hervor, die so herrlich zur populären mediterranen Küche passen, dass ich ihnen breiten Raum widmen möchte. Wer weiß? Vielleicht bekommen wir bald mehr davon zu sehen.

Oft werden sie kurzerhand als die Rhône-Weißweine bezeichnet, weil sie wie die roten Sorten Syrah, Grenache und Mourvèdre aus dem Rhône-Tal stammen. Sie werden dort auch oft gemeinsam gekeltert, ja sogar der roten Syrah beigemischt, um deren Wein mehr Lebendigkeit und Duftigkeit zu verleihen.

Marsanne und Roussanne

Marsanne ist ein Ausbund an Widersprüchlichkeit. Wasserhell, in der Sonne smaragdgrün blitzend, nimmt sich der Wein im Glas knochentrocken aus. Steckt man aber die Nase hinein, dann umhüllt einen der Duft eines blühenden Gartens mit Körben voll reifer Nektarinen im Schatten einer Jelängerjelieberlaube. Das muss also ein süßer Wein sein. Nimmt man einen Schluck, dann hat man erneut den Eindruck von

Der Muskateller mit seiner hedonistischen Fülle und üppigen Süße könnte selbst den eingefleischtesten Atheisten zu der Einsicht bekehren, dass es doch so etwas wie ein höheres Wesen geben muss.

duftigem, fruchtigem Aroma, aber ob man's glaubt oder nicht, dieser Wein ist frisch, lebendig und auf jeden Fall ausgesprochen trocken. So ist der Marsanne, wenn er jung ist. Wie Sémillon und Riesling kann er sich aber ohne Fassausbau zehn Jahre lang in der Flasche zu einem vollen, goldenen, komplexen Wein entfalten.

Der Wein von Roussanne ist der große Bruder des Marsanne. Er duftet nicht so zart und lieblich, sondern hat eher etwas Wildes: reifes Steinobst im Charakter, etwas Zitrusduft, aber auch viel Heu und Kräuter. Er wird meist zu Mischungen verarbeitet und kommt für sich allein selten vor.

Viognier

Im nördlichen Rhône-Tal bringt der Viognier die hedonistischsten Weißweine hervor. Sie duften nach reifen Aprikosen, gerösteten Nüssen und Gewürzen und bringen eine Fülle öliger, verführerischer Herrlichkeiten auf die Zunge. Da wundert man sich nicht, dass anderswo versucht wird, diese Art nachzuahmen. Leider ist Viognier im Anbau die diffizilste dieser drei Sorten, aber das erhöht für die Winzer nur ihren Reiz. Erste Beispiele aus kühleren Gegenden Australiens und auch Kaliforniens sind viel versprechend. Es gilt die Traube im Auge zu behalten. Vielleicht ist es nur ein Strohfeuer, es könnte aber auch mehr dabei herausschauen.

Sonstige

Die Muskateller

Es gibt zwei Arten Muskateller: den feineren kleinbeerigen (Muscat blanc à petits grains oder de Frontignan oder brown Muscat) und den Alexandria-Muskateller (Muscat d'Alexandrie oder Muscat gordo blanco). Man darf sie nicht durcheinander bringen. Der Erstere kann dunkle oder helle Beeren tragen und einen gefälligen trockenen Weißwein mit blumigem, intensiv traubigem Duft liefern, wenn er aber zu Süßwein verarbeitet wird, dann quillt er geradezu über vor Üppigkeit. Sowohl als frischer, an Mandarinen- und Orangenschalen erinnernder Süßwein vom Mittelmeer oder in seiner ungeheuerlich intensiven alkoholangereicherten Form als Liqueur Muscat aus Australien könnte der Wein dieser Traube mit seiner hedonistischen Fülle und üppigen Süße selbst den eingefleischtesten Atheisten zu der Einsicht bekehren, dass es doch so etwas wie ein höheres Wesen geben muss. Der Alexandria-Muskateller dagegen genießt bei weitem kein so hohes Maß an Verehrung. Er liefert recht einfachen süßen Weißwein oder wird zu Rosinen verarbeitet.

Muscadelle

Man dürfte es wohl kaum schaffen, eine Flasche Wein mit dem Rebsortennamen «Muscadelle» auf dem Etikett zu finden. In den (trockenen und süßen) Weißweinen von Bordeaux wird die Traube manchmal mit Sémillon und Sauvignon blanc gemischt. Nur in Australien, insbesondere im Nordosten von Victoria, zeichnet sie allein für den mit Alkohol angereicherten «Tokay» verantwortlich, einen üppigen, sehr süßen Wein mit einem durchaus erfreulichen Duft von Tee und Toffee und etwas gedämpfterer fruchtiger Fülle, als die Muskateller aus dieser Gegend sie aufweisen.

Ugni blanc oder Trebbiano

Eine Traube mit einem so bescheidenen Namen wie Ugni blanc scheint schon vor dem Ansetzen des Korkenziehers zu suggerieren, dass man vom Inhalt der Flasche nicht allzu viel erwarten darf. Wann aber trifft man diesen oder das Pseudonym Trebbiano überhaupt auf einem Etikett an? Obschon es nämlich eine gewaltige Menge Ugni-blanc-Reben auf der Welt gibt, steht die Sorte nur selten im Rampenlicht. Warum? Weil sie einen zwar sauberen, trockenen, aber mit erstaunlich wenig Eigengeschmack versehenen Weißwein liefert, der sich bestens für Mischungen oder zur Weinbrandherstellung eignet. Und dafür wird er denn meist auch verwendet.

Palomino und Pedro Ximénez

Diese in Spanien sehr verbreiteten Rebsorten liefern einen Weinstil, der leider immer mehr an Popularität einbüßt: den Sherry. Palomino hat gerade das richtige knappe Maß an Säure und den neutralen Geschmack, wie sie für trockene Sherry-Arten wie Fino und Manzanilla gebraucht werden, und Pedro bringt es zu ausgeprägter Reife – das ist für die süßeren Sherry-Arten wichtig. In Australien und Südafrika wird Palomino noch ziemlich verbreitet angebaut: ein Überbleibsel aus der Zeit, als in beiden Ländern viel aufgespriteter Wein produziert wurde.

Sultana, Doradillo, Waltham Cross

Schon mal gehört? In Australien bekommt man Tafeltrauben dieser Sorten in jedem Obstladen, aber sie werden auch zu einfachem Alltagswein verarbeitet. Diese Mehrzwecksorten verbindet eines: Ohne sie gäbe es den australischen Cask Wine nicht, ebenso wenig billigen australischen Sekt und so manchen durchaus guten australischen Brandy.

Rotwein

Zum Thema rote Trauben

Pinot noir

In einem alten Comic sitzt im Wilden Westen ein Hund in einem Saloon, und wie dann eine unglaublich kurvenreiche Sängerin auftritt, springen ihm die Augen aus dem Kopf quer durch den Raum, das Kinn fällt ihm bis auf den Boden herunter, und Qualm kommt ihm aus den Ohren. Wein von Pinot noir (Spät- oder Blauburgunder) kann dasselbe bewirken.

Jetzt aber nicht gleich einen Tankwagen voll kaufen, sondern erst noch einmal genau lesen: Pinot noir *kann* das bewirken, tut es aber nur selten. Er kann nämlich auch den allerlangweiligsten Wein liefern.

Der Pinot noir kann einen schon in Rage bringen. Er ist diffizil im Anbau und liebt kühles Klima, wo er langsam heranreift und viel komplexes Aroma entwickelt. Deshalb gedeiht er in kühlen Gegenden wie Burgund, Oregon, Tasmanien und auf der Südinsel Neuseelands. (Auch für die Schaumweinherstellung wird er an kühleren Stellen angebaut. Sein Most ist bei Sektherstellern höchst beliebt, weil er der Mischung vollen Geschmack verleiht.)

Aber nicht nur ist Pinot noir im Klima sehr wählerisch, er rächt sich auch mit wässrigem Wein, wenn ihm zu hohe Hektarerträge abverlangt werden. Ganz allgemein ist sein Wein nicht so dunkel wie der anderer Rotweinsorten, das Tannin ist weicher und das Aroma zart.

Einfacher Pinot noir schmeckt nach Himbeeren, Erdbeeren und Kirschen. Bei etwas besseren Qualitäten findet man auch Gewürze wie Nelken und Anis vor, dazu vielleicht erdige, an Wild und Unterholz erinnernde Noten. Guter Pinot noir zeigt auf der Zunge eine sanfte, samtige Struktur und – wenn er wirklich und wahrhaftig denkwürdig ist – eine ätherische, schwer fassbare, aber überaus verführerische Duftigkeit, die nach fünf bis zehn Jahren in der Flasche erstaunlich komplex wirken kann.

Wenn man also anfangs das Pech hat, stets nur wenig eindrucksvollen Pinot noir zu erwischen, soll man die Hoffnung nicht aufgeben. Eines schönen Tages schenkt man sich dann vielleicht eine unscheinbare, hell ziegelrote Flüssigkeit ins Glas, und wenn man die Nase hineinsteckt und kräftig schnuppert, springen auf einmal die Augen aus dem Kopf, das Kinn klappt herunter, und Qualm kommt aus den Ohren …

Die Cabernet-Familie

Cabernet Sauvignon

Wenn Chardonnay das Coca-Cola der Weinwelt ist, was ist dann Cabernet? Das Pepsi-Cola?

Wie Chardonnay wird auch Cabernet Sauvignon überall angebaut, reift recht zuverlässig (obschon erst spät, so dass er in kühlen Gegenden nicht sehr verbreitet ist), lässt sich relativ bequem zu gutem Wein verarbeiten und hat leicht fassbaren, sehr ansprechenden Geschmack. Von Bordeaux bis Bulgarien, von Coonawarra bis Kapstadt, vom Napa Valley bis Neuseeland bringen robuste Cabernet-Sauvignon-Reben tiefdunklen Rotwein hervor, der nach schwarzen Johannisbeeren riecht, fest und gerbstoffreich ist und sich lange hält.

Solange er genug Sonne bekommt, ist der Cabernet Sauvignon eine gegen Krankheiten widerstandsfähige Traumsorte mit kleinen, dickschaligen Beeren. Gerade die dicken Schalen machen das Besondere des Cabernet-Sauvignon-Weins aus: tiefe Farbe, vielschichtiger Geschmack und reichlich Tannin, das den Gaumen pelzig macht und einem Rotwein zu schöner Entfaltung in der Flasche verhilft.

Cabernet Sauvignon steht im Ruf, sehr langlebig zu sein. Er ist Hauptbestandteil der großen Bordeaux-Rotweine, die zwanzig, fünfzig, ja hundert Jahre lang unvergleichlich komplexen Geschmack aufweisen können. Deshalb wird die Rebe ja auch überall in der Welt angebaut: Wenn man Wein produzieren will, der fast garantiert mit zunehmendem Alter immer besser wird und seinen Erzeuger gar überlebt, dann ist Cabernet Sauvignon die richtige Rebsorte dafür.

Aber das ist noch nicht alles. Meist wird der Cabernet Sauvignon zu recht einfachem und dennoch köstlichem mittelschwerem bis schwerem, früh trinkreifem Rotwein verarbeitet, und um sein strenges Tannin zu mildern, wird er oft mit anderen, zur so genannten «Cabernet-Familie» zählenden Sorten gemischt.

Cabernet franc

Wenn Trauben Gefühle hätten, dann wäre der Cabernet franc ewig frustriert. Obwohl er denselben Vornamen trägt wie sein illustrer Cousin Cabernet Sauvignon, schafft er es einfach nicht, in gleichem Maß anerkannt zu werden.

Dabei sieht die Traube ähnlich aus und liefert duftigen, an schwarze Johannisbeeren erinnernden Wein, doch es fehlt ihm (mit wenigen Ausnahmen) am Körper, an der Tanninstruktur und an der Komplexität des Verwandten. Das hindert manche Erzeuger beispielsweise im Loire-Tal und in Australien durchaus nicht daran, höchst genießbaren, ansprechenden, an Gras und Laub erinnernden reinen Cabernet-franc-Wein hervorzubringen.

Mischt man nun aber ein wenig von diesem lebendig-duftigen Wein mit stämmigem, dichtem Cabernet Sauvignon, dann merkt man voll Verwunderung, wie diese beiden zu einem Ganzen verschmelzen, das mehr ist als die Summe seiner Bestandteile. Und warum es dabei bewenden lassen? In Bordeaux und zunehmend auch in anderen Weltteilen sind die Winzer zu der Erkenntnis gekommen, dass nicht nur diese beiden Sorten sich gut miteinander vertragen.

Merlot

Wenn doch nur alle roten Trauben so anschmiegsame Weine erbringen würden wie Merlot! Dabei können sie auch groß und tiefernst sein und mit Vorteil Jahrzehnte in einem kühlen, dunklen Raum zubringen. Das erweist sich beispielsweise in St-Emilion und Pomerol, wo der Merlot zu seinem Ruhm gelangt ist. Aber es wohnt ihm eine Geschmeidigkeit, eine Rundheit inne, die man nicht verkennen könnte, selbst wenn man es wollte.

Deshalb wird diese rote Traube auch so gern mit Cabernet Sauvignon gemischt. Sie hat nicht so viel Tannin und Säure wie dieser und polstert ihn aus, so dass die Mischung nicht nur einfach vollständiger schmeckt, sondern sich auch früher angenehm trinken lässt.

In Australien und anderen Gegenden der Neuen Welt hat Merlot jedoch auch eine gute Zukunft in sortenreinen Weinen. Dieselben Vorzüge, die ihn zu einem guten Mischungsbestandteil machen – angenehm frühe Trinkreife, feineres, sanfteres Tannin und äußerste Geschmeidigkeit –, vereinen sich mit der Würze von Beeren, Pflaumen und Früchtekuchen und erbringen höchst süffigen Rotwein. Manche Winzer haben jedoch feststellen müssen, dass Merlot im Weinberg launischer sein kann als der gute alte Cabernet und stark auf den Standort anspricht. So mag die Rebe unbeständiges Wetter zur Blütezeit nicht. Die Regale der Weinläden werden sich wohl bald unter der Last der Merlot-Flaschen biegen, so viel wird derzeit angepflanzt, und man dürfte darunter mehr als nur gelegentlich eine sehr gute Flasche entdecken können.

Wenn doch nur alle roten Trauben so anschmiegsame Weine erbringen könnten wie Merlot.

Malbec und Petit Verdot

Diese beiden Trauben vervollständigen die große glückliche Cabernet-Familie. Beide spielen mit ihrer tiefen Farbe und ihrem etwas rustikalen Charakter meist nur Nebenrollen in Mischungen mit den anderen. Petit Verdot trifft man als Wein für sich nur äußerst selten an, denn nur wenige wissen seine Vorzüge zu würdigen. Malbec dagegen bewährt sich sortenrein in Südwestfrankreich, Argentinien und wärmeren Gegenden Australiens mit saftigen, dunklen, brombeerwürzigen Rotweinen sehr wohl.

Die Würze des Lebens

Shiraz

Diesen Namen muss man eine Weile auf der Zunge zergehen lassen. Ist er nicht wundervoll?

Er lässt vor dem inneren Auge Bilder von Gewürzbasaren und Einsiedlern auf steilen, steinigen Hügeln und von feuchtem rotem australischem Boden aufsteigen (vor allem wenn man schon ein paar Gläser geleert hat). Shiraz. Ein herzerwärmender Name, einer der schönsten in der Welt des Weins.

Shiraz ist eine Traube mit romantischer Geschichte. In größerem Umfang soll sie zuerst vor vielen tausend Jahren bei einer persischen Stadt namens – richtig geraten! – Shiraz angebaut worden sein; von dort aus brachten entweder die Römer oder die Phöniker sie in den Mittelmeerraum und ins Rhône-Tal. (Allerdings wohl nicht an einem einzigen milden Sommertag – es dürfte sich über ein paar Generationen hingezogen haben.) Hier behagte es der Rebe im warmen Klima und auf den steilen, felsigen Hängen mit kargen Böden. Nicht lange, so machte sie sich als Syrah einen guten Namen mit Rotweinen wie Hermitage und Côte Rôtie, die zu den vollsten, dunkelsten, verführerischsten in ganz Frankreich zählen. Zum großen Glück besuchten australi-

sche Weinbaupioniere wie James Busby zu Beginn des 19. Jahrhunderts auf der Suche nach Reben, die sie in die neue Kolonie bringen wollten, gleich anfangs das Rhône-Tal. Und zum noch größeren Glück verfielen sie dort auf die Syrah-Rebe.

Von Anfang an ergriff sie nun als Shiraz (oft aber auch unter dem Namen Hermitage) Besitz von dem neuen, heißen roten Boden. Es behagte ihr hier ebenso sehr wie in der Alten Welt, und noch heute ist sie die in Australien meistangepflanzte Rotweinrebe.

Ursprünglich wurde sie so populär, weil sie klaglos anständige Leistung erbrachte. Shiraz gedeiht in fast jedem Klima, ob warm oder kühl, und lässt sich zu Weinen aller Arten verarbeiten, von leichtem bis zu schwerem Rotwein und Schaumwein, ja sogar zu «Port». Das war auch ihre traditionelle Rolle – als Ackergaul. Als hochwertige Traubensorte galt sie kaum.

Heute ist das ganz anders. Nicht nur wird Shiraz als Australiens ureigenste Rebsorte geschätzt, sondern die Frucht ertragsschwacher hundertjähriger Shiraz-Rebstöcke aus warmen Lagen wird auch im ganzen Land als überaus wertvoll gepriesen. Diese Trauben erbringen den Shiraz der «traditionellen» Art: tintenschwarz, voll süßer, reifer Brombeerfrucht, oft mit einem Anflug von Vanille aus dem Ausbau im Eichenfass. Inzwischen aber kommt auch eine andere Art auf: Shiraz von Trauben aus kühlerem Klima, etwa aus dem südlichen Victoria. Hierbei handelt es sich um einen leichteren Rotwein eher mit Himbeerfrucht und würzig-pfefferigem Duft.

Eine weitere gute Eigenschaft des Shiraz neben seiner Anpassungsfähigkeit ist seine Eignung als Traube für Mischungen. Shiraz-Wein zeigt meist runden, vollen Geschmack auf der Zunge, und das ist in Mischungen mit Cabernet, der als junger Wein oft etwas hohl wirkt, sehr praktisch. Shiraz/Cabernet-Mischungen sind heute nicht mehr so verbreitet wie früher, was schade ist, wo sich die beiden Trauben doch so gut ergänzen. Es ist eher Mode geworden, Shiraz etwa mit Grenache oder Mourvèdre zu mischen, die ja ebenfalls aus dem Rhône-Tal stammen.

Grenache

Eine echte Renaissance. Hätte man einem australischen Weinerzeuger vor fünfzehn Jahren gesagt, dass Grenache eine der roten Trauben der 1990er Jahre sein würde, hätte er einen nur ausgelacht. Heute könnte man ihn auslachen, denn Grenache ist im letzten Jahrzehnt richtig in Mode gekommen.

In Australien ist schon immer viel Grenache angebaut worden, ebenso wie in anderen warmen Gegenden in aller Welt, so in Spanien und Südfrankreich. Der Grund war überall derselbe: Die Rebe bringt zuverlässig große Erträge an vollreifen Trauben. Allerdings: je höher der Ertrag, desto geringer die Qualität. Bis noch vor kurzem wurde Grenache in Australien zu hohen Erträgen herangezogen und zu billigem Massenwein, aufgespritetem Wein und Rosé verarbeitet, wobei der Name der Traube kaum je auf dem Etikett erschien.

Als dann der Shiraz an Popularität gewann, schauten die Weinerzeuger genauer nach, was sonst noch an alten Reben in ihren Weinbergen stand. Und da merkten sie, dass Grenache, wenn man ihm nicht zu viel Ertrag abverlangt, durchaus anständigen Rotwein liefern kann. Dennoch – außer bei den allerbesten Beispielen – scheint es sortenreinem Grenache stets an etwas zu fehlen. Er hat lebhafte Farbe, haufenweise Gewürz, reife, fabelhafte Frucht und immer kräftigen Alkohol, und doch befriedigt er den Gaumen nicht ganz. Da kommen ihm andere würzige Trauben zupass – als Zutaten.

Mourvèdre oder Mataro

Mit dem wieder aufgelebten Interesse an Grenache kam auch Mataro wieder auf – eine Rebsorte, die in warmen Gegenden Australiens früher sehr verbreitet war (und wie Grenache auch in Südfrankreich und Spanien vorkommt). Auch sie eignete sich nur allzu bequem für allzu schlichten Wein und war in Ungnade gefallen. Nun aber entdeckten die Weinproduzenten ihre alten, ertragsschwachen Mataro-Rebstöcke wieder, verpassten ihnen den modischen französischen Namen Mourvèdre – und schon war alles hip. Mourvèdre (alias Mataro) ist in der Mischung mit Shiraz oder Grenache am besten. Für sich allein schmeckt der Wein dieser Sorte etwas hart und erdig.

Die Italiener

Die italienischen Rebsorten sind vielleicht die große Hoffnung für interessante Rotweine. Sie, die in ihrer Heimat einige der großartigsten Weine erbringen, wurden auf der Suche nach neuen, andersartigen, über den allzu mächtigen Cabernet hinausweisenden Geschmacksrichtungen in die Neue Welt verpflanzt. Bald könnte nun für diese Trauben in australischen Flaschen eine große Zukunft anbrechen.

Nebbiolo

Von allen italienischen Trauben ist der Nebbiolo wohl am gewöhnungsbedürftigsten. Er kommt aus Piemont und ist für Rotweine mit gewaltigem, aggressivem, pelzigem Tannin bekannt. Dennoch kann der romantische Nebbiolo (der Name kommt von *nebbia*, dem Nebel, der die engen Täler der Region füllt) auch die verlockendsten Düfte und Geschmacksnuancen aufweisen – Rosen, Pech, Waldboden und gebratenes Fleisch zum Beispiel. Mir wird bereits der Mund wässrig, und das genau ist der Punkt: Wie andere italienische Weine schmeckt auch Nebbiolo oft als Begleiter zum Essen viel besser, als wenn man ihn für sich trinkt. Er ist nicht so vordergründig fruchtig wie etwa der Cabernet, und sein festes Tannin passt gut zu kräftig gewürzten Speisen.

Dolcetto

Auch Dolcetto stammt aus Piemont, ist aber so anders als Nebbiolo wie nur möglich. So hat Dolcetto selten viel Gerbstoff, der seiner Süffigkeit im Weg stünde, was aber auch bedeutet, dass er sich in der Flasche nicht so gut hält, während Nebbiolo sich über Jahre hinweg entfalten kann. Dolcetto ist hell purpurrot, leicht bis mittelschwer und voll gepackt mit saftiger, würziger Beerenfrucht. Er verlangt danach, getrunken zu werden, kaum dass er in der Flasche ist.

Barbera

Ebenfalls eine Traube aus Piemont; sie liegt in der Art zwischen den beiden schon genannten. Ihr Wein ist voller als der Dolcetto, aber nicht so gerbstoffreich wie der Nebbiolo; er hat festere Beerenfrucht als der Dolcetto, jedoch nicht so viel Komplexität wie der Nebbiolo; er ist früher trinkreif als Nebbiolo, hält sich aber länger als Dolcetto.

Sangiovese

Obschon der Sangiovese in der Hauptsache für die Fluten an billigem Chianti in italienischen Restaurants rund um den Globus verantwortlich ist, hat diese edle Traube aus der Toskana natürlich wesentlich mehr zu bieten. Wenn man schließlich einen Namen trägt, der «Jupiterblut» bedeutet, möchte man sich in der Welt doch mehr Achtung verschaffen, als man in zahllosen bastumflochtenen Flaschen erwerben kann. Guter Sangiovese, das haben Spitzenerzeuger in der Toskana und der Emilia-Romagna längst eindrucksvoll bewiesen, kann wunderbar urwüchsig, erdig und komplex sein und mit der Frucht dunkler Kirschen und kräftigem Tannin schöne Entfaltungsfähigkeit verbinden. Die Rebsorte wird auch in Kalifornien und immer mehr in Australien mit Erfolg angebaut.

Sonstige

Durif

Diese Traube könnte ohne weiteres unter die Italiener eingereiht werden, denn obwohl sie aus Südfrankreich stammt, bringt sie an warmen Stellen, so in Rutherglen in Australien, sehr italienisch anmutenden Rotwein hervor: erdig, dunkel, schmackhaft.

Zinfandel

Diese vor allem in Kalifornien angebaute Rebsorte stellt die Antwort Amerikas auf den Shiraz dar. Die Traube bringt alles vom Rosé bis zum «Port» hervor, steckt voller Frucht und Gewürz und kann hohen Alkoholgehalt erreichen. In Australien steht die Sorte in kleinen Nischen, vor allem am Margaret River, wo sie soliden, alkoholstarken purpurroten Wein erbringt, der herzhafte Speisen begleiten will.

Gamay

Woran denkt der Australier bei dem Wort *Beaujolais*? An einen lieblichen, leichten, hell karminroten Sommerwein. Aber der echte Beaujolais aus Frankreich ist ein bei weitem ansprechenderes Gewächs; es entsteht von der Gamay-Traube. Gewiss bringt sie nie einen großen, vollen Rotwein zuwege, sie hat eher etwas Delikates, aber das Image des australischen «Beaujolais» wird der Traube nicht gerecht. Ihr Wein ist eine nicht ganz so komplexe Version des Pinot noir. In der Jugend weist er oft vordergründigere Erdbeer-, Kirschen- und Himbeerfrucht auf, und seine Entfaltungsfähigkeit ist nicht ganz so groß; nichtsdestoweniger zeigt er oft schönen, würzigen und erdigen Charakter.

Touriga

Die Rebsorte zählt zu den wichtigeren Portweintrauben aus dem Douro-Tal in Portugal. Australische Weinproduzenten, die einen seriösen, jahrzehntelang haltbaren «Vintage Port» anstreben, suchen stets zielbewusst nach der echten Touriga-Rebe. Ihre Trauben bieten alles, was für guten Port nötig ist – genau die richtige Art Tannin, intensiven, rosinenhaften Fruchtton und die Fähigkeit, voll durchzureifen. Außer in Portugal wird sie in Australien und andernorts nur in kleinen Mengen angebaut, vermutlich weil heutzutage nicht viele daran interessiert sind, Portwein zu produzieren.

Pinot meunier

Die Traube wird nur gelegentlich zu Rotwein verarbeitet, obwohl sie, wie der Name schon sagt, mit Pinot noir verwandt ist. Viel häufiger trifft man sie als Bestandteil von Schaumweinen an – hierbei wird ihr Most von den Schalen getrennt, ehe er aus ihnen Farbe annehmen kann, und zusammen mit Chardonnay und seltsamerweise Pinot noir verarbeitet. Pinot meunier eignet sich gut als Bestandteil von Schaumweinen, weil er wenig Säure aufweist und sich rasch entfaltet, womit er zu früher Trinkreife und lieblicher Fülle beiträgt.

Tempranillo

Die Sorte ist außerhalb ihrer spanischen Heimat nur selten anzutreffen, was verwunderlich ist, denn sie kann ganz herrlichen Rotwein hervorbringen. Sehr guter Tempranillo, zum Beispiel aus der Region Ribera del Duero, vereint die intensive Beerenfrucht des Cabernet mit der Fülle des Shiraz und der Erdigkeit des Sangiovese und wartet nur darauf, als Nächster groß in Mode zu kommen.

Cinsaut und Carignan

Diese beiden in Australien übrigens nur wenig angebauten Rebsorten verdienen allein der Vollständigkeit halber Erwähnung. In Südfrankreich sind sie stark verbreitet und sorgen – oft in Mischung mit anderen würzigen Trauben wie Grenache – dafür, dass die Weinfluten, die als Begleiter zu herzhaften mediterranen und provenzalischen Gerichten nötig sind, nicht abebben.

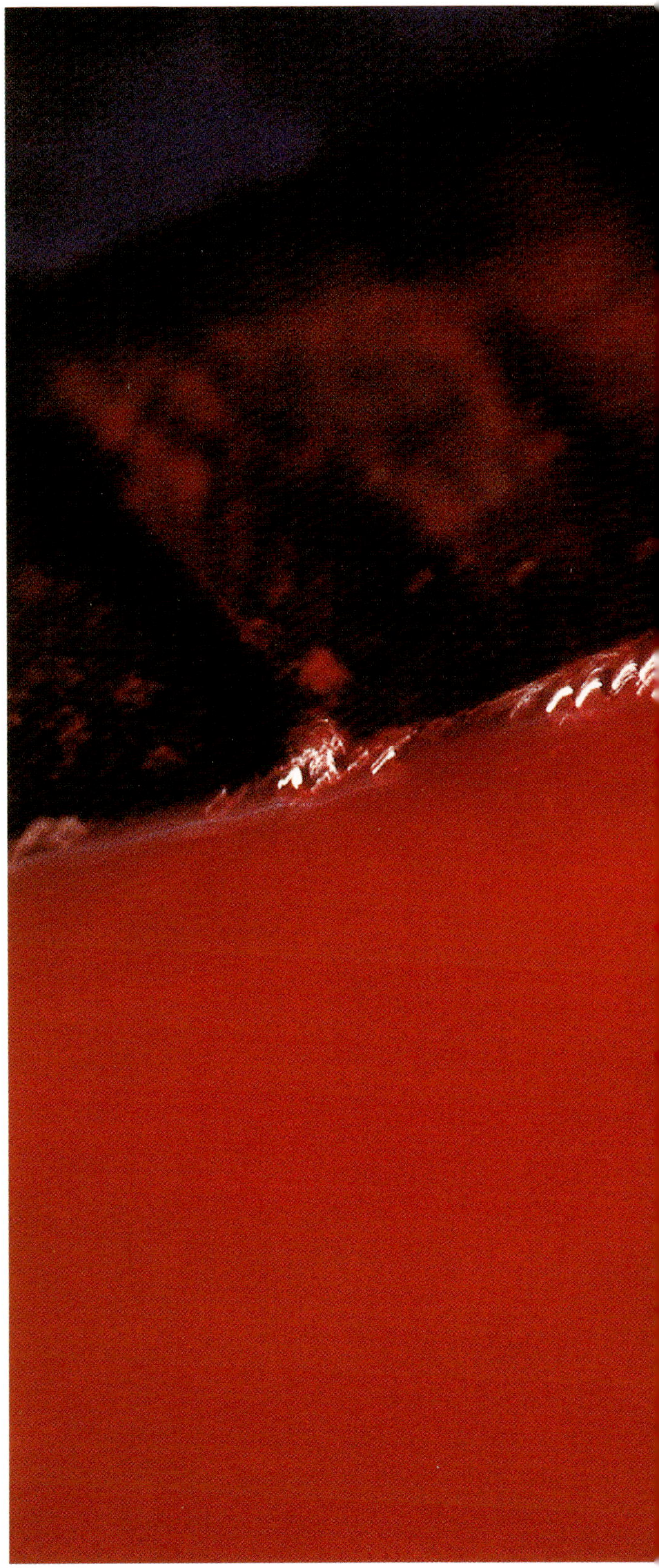

Luft

Zum Thema Klima

Aus der Luft sehen sich alle Weinberge so ziemlich gleich. Von unserem kleinen Flugzeug aus, das in das sonnengedörrte Upper Hunter Valley in New South Wales hinabtaucht, erblicken wir grüne und ockergelbe Linien in sauber gegliederten Feldern, die im Kontrast zu der sie umgebenden Wildnis aus staubig olivgrünen Wäldern stehen.

Das Flugzeug braust über ein paar Weingüter hinweg und setzt schließlich auf einer eher provisorisch wirkenden Landebahn auf. Wir steigen aus und spüren die drückende Hitze, die nicht aus dem Auspuff des Flugzeugs stammt. Im größten Teil Australiens ist noch Hochsommer, hier aber hat der Herbst schon begonnen und mit ihm die Weinlese.

Den stärksten Einfluss auf den Geschmack und insbesondere den Stil des Weins hat nach der Rebsorte vor allem die Lage des Weinbergs. In warmem Klima entstehen meist schwerere, reifer schmeckende Weine als in kühlem Klima. Hier im Upper Hunter Valley bekommen die Trauben ziemlich viel Sonne und sehr viel Wärme ab. Deshalb reifen sie rasch und sammeln massenweise Geschmacksstoffe und Zucker in sich an, büßen manchmal aber zugleich die als Gegengewicht so notwendige Säure ein.

Im Sommer fällt in diesem warmen Klima wenig Regen und im Winter manchmal auch nicht viel. Es regnet vielmehr meist dann, wenn es am wenigsten passt – zur Lesezeit. Dieses Jahr allerdings bleibt der Regen noch aus. In warmem Klima ist es oft recht schwer, gute Trauben heranzuziehen, doch die Winzer im Upper Hunter schaffen es recht gut.

Wir sind gekommen, um Chardonnay-Trauben zu kosten. Hier steht viel Chardonnay, und weil das Klima so warm ist, liefert er meist Weißwein mit vollem, reifem Geschmack. Die Trauben, die wir vom Weinstock probieren, schmecken süß, sanft, honigwürzig, recht üppig.

Ein Zeitsprung vorwärts. Rund zwei Monate sind vergangen, und wir befinden uns auf dem Flug südwärts nach Tasmanien. Die Wellen mit weißen Schaumkronen bleiben zurück, die Inselküste taucht vor uns auf, sattgrüne Wälder ziehen unter den Flügeln vorüber. Wir landen in der Region Pipers Brook, wo sich sanfte Hügel am breiten Tamar River erstrecken. Wir steigen aus. Eine kühle Brise fegt über uns hinweg und hinauf in die Weinberge ringsum, reißt am Laub und lässt die dicht besetzten Chardonnay-Trauben erschauern.

Die Weinlese ist im Gang, obschon die Trauben bei weitem nicht so reif sind wie die im Hunter Valley. Wenn man sie aufbeißt, erlebt man fast einen Schock: Sie schmecken herb, zitronenähnlich, die kräftige Säure beißt auf der Zunge. Diese Trauben sind für Schaumwein bestimmt, und dafür eignen sie sich hervorragend: Viel Säure und jener feine Zitrusgeschmack werden gebraucht, damit der Sekt spritzig und erfrischend ausfällt.

Aber selbst wenn man sie am Rebstock hängen ließe, bis sie denselben Zuckergehalt erlangen wie die Trauben im Hunter Valley, würden sie doch nicht dieselben Geschmacksnuancen aufweisen oder Wein derselben Art erbringen. Das Klima hier im Norden Tasmaniens ist kühler, die Reifeperiode länger, das heißt die Trauben reifen langsamer heran, bewahren mehr Säure und entfalten sanftere Geschmacksnoten.

Und weiter geht es im Flugzeug, hinüber zum Margaret River in Westaustralien. Auch hier gibt es viel Chardonnay, und obwohl es nicht so heiß wird wie im Hunter Valley, ist es hier doch auch nicht so kühl wie in Tasmanien, deshalb zieht sich der so wichtige Reifevorgang zwar oft wunderbar lang hin, doch die Trauben reifen ohne weiteres voll aus.

In einem Weinberg probieren wir Chardonnay-Beeren. Sie schmecken hier reif – nicht so voll und üppig wie im Hunter Valley, aber dennoch süß. Nicht herb und zitrusfruchtig wie in Tasmanien, aber frische Säure haben sie doch. Und die Weine? Gegenden, in denen meist genug Wärme durch genug Kühle und genug Sonne durch genug Regen ausgeglichen wird wie am Margaret River, gelten als die besten für den Traubenanbau. Den Beweis schmeckt man in den Beeren – und im Wein.

RAPES
00 m

Erde

Zum Thema Boden

Ich krieche auf allen Vieren in einem Weinberg am Rand des Highways im südaustralischen Coonawarra herum. Unter ein paar alten Cabernet-Sauvignon-Rebstöcken kratze ich, die Nase fast am Boden, die Oberfläche auf. Was für ein Boden das ist! Er hat die Farbe eines Sonnenuntergangs, ein glühendes, leuchtendes Rot, das mich fast blendet. Er riecht, wie reiner, guter Boden riechen soll: leicht süß, köstlich, fast zum Hineinbeißen. Ich grabe ein paar Zentimeter tiefer und entdecke Klumpen von elfenbeinfarbenem Kalkstein. Noch tiefer würde ich auf massive Kalksteinfelsen treffen.

Ich richte mich auf, klopfe mich ab und stapfe auf einem Feldweg, der vom Highway wegführt, 20 Meter aufwärts. Hier ist der Boden nicht mehr so glühend rot. Hier liegt schwarzbrauner, matt schimmernder Lehm in einer dickeren Schicht als der rote Boden. Auch hier stehen ein paar alte Cabernet-Rebstöcke, und die Frucht beider Weinberge wird von demselben Winzer verarbeitet.

Erstaunlich ist, dass obwohl die beiden Weinberge fast gleich sind – dieselbe Rebsorte, dasselbe Klima, dieselbe Regenmenge, dieselbe Sonnenscheindauer usw. –, ihre Weine unterschiedlich schmecken. Und nicht nur das, vielmehr ist der Wein der Trauben vom roten Boden stets besser.

Das kommt daher, dass die dicke Kalksteinschicht unter der roten Erde über einer Grundwasserfläche liegt: ein Bodenprofil, wie es sich kein Cabernet-Anbauer vollkommener wünschen kann. Die schwarze Erde ringsumher ist einfach nicht ganz so gut für Weintrauben.

Auch technikügerzeugte australische Weinproduzenten räumen ein, dass der Boden, auf dem die Reben stehen, Einfluss auf die Weinqualität hat. Sie geben sogar zu, dass manche Rebsorten auf dem einen Boden besser gedeihen als auf einem anderen. Weiter gehen sie aber meist nicht, sondern behaupten, das seien Binsenweisheiten.

Die etwas romantischer veranlagten Franzosen (und aufgeschlossenere Weinerzeuger der Neuen Welt) führen die Unterschiede auf das *terroir* zurück: ein Begriff, der den Boden mit allen übrigen physikalischen Faktoren, die das Umfeld der Rebe bilden (die Hangneigung, die Regenmenge, das Klima, um nur einige zu nennen), in sich vereinigt und noch einen Schuss Mystik enthält – als gebe es buchstäblich so etwas wie eine geschmackliche Wechselbeziehung zwischen dem Weinberg und dem Wein, den er hervorbringt.

Nun stehe ich in einem kühlen Weinberg in Chablis im nördlichen Frankreich. Die Chardonnay-Trauben an den Weinstöcken hier sehen genau so aus wie die Chardonnay-Trauben in Australiens Adelaide Hills, in Kaliforniens Napa Valley und genau so wie die Chardonnay-Trauben, die ein paar Kilometer weiter südlich in Burgund wachsen. Doch der trockene Weißwein von Chablis schmeckt ganz anders als der trockene Weißwein, der in allen diesen anderen Gegenden entsteht. Er hat einen unverkennbaren Feuersteincharakter, einen mineralischen Geschmack, als ob man an einem Flusskiesel schleckt (wirklich wahr).

Ich schaue mir den Boden an: Er ist übersät mit großen, grauen, quarzglitzernden Gesteinsbrocken. Und die besseren Weinberge, diejenigen, die mehr vom unverkennbaren Chablis-Charakter in ihren Weinen zeigen, haben im Boden mehr Feuersteingehalt. Zufall? *Mais non, Monsieur, ça c'est le terroir.*

Idealer Weinbauboden muss dreierlei aufweisen: guten Wasserabzug, damit die Reben dazu angeregt werden, ihre Wurzeln tief bis in den felsigen Untergrund zu treiben, die richtige chemische Zusammensetzung und die Fähigkeit, die Sonnenwärme zu speichern und wieder abzustrahlen. Alles Übrige ist Zugabe. Und ob man sich dem nüchternen wissenschaftlichen Standpunkt oder der romantischen Vorstellung vom *terroir* anschließen will, bleibt ganz und gar einem selbst überlassen. Der Disput zwischen diesen beiden ist schon lange im Gang und wird es wohl noch eine Weile bleiben.

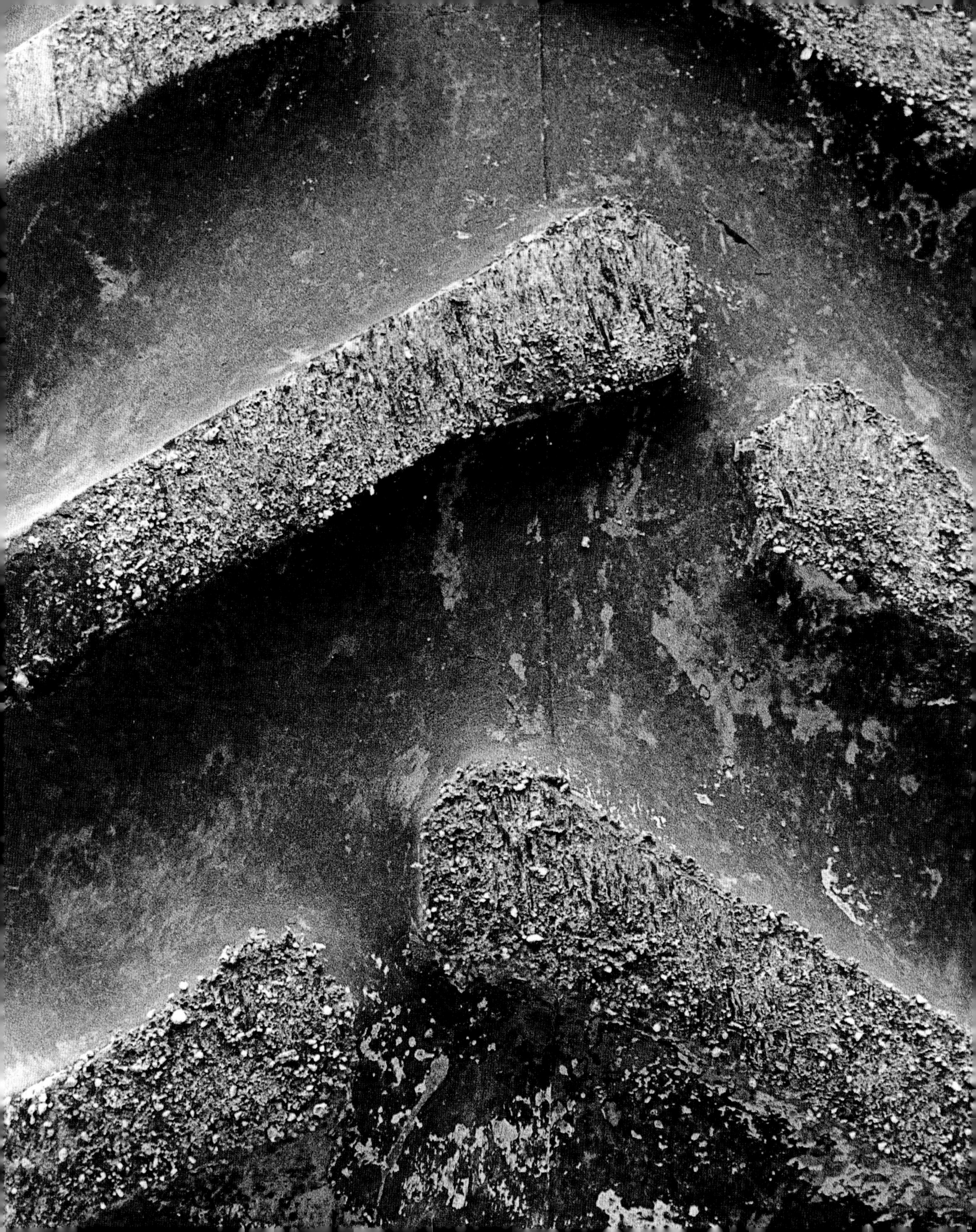

Wasser

Zum Thema Reben

In der trockenen Kühle eines dämmerigen Sommerabends herrscht im Barossa Valley eine verzauberte Stimmung. Als ich auf dem Heimweg vom Pub an einem alten Shiraz-Weinberg vorüberkomme, spielt das Licht mit seinem verschwommenen Purpur meinen Augen einen Streich: Es sieht so aus, als ob die knorrigen alten Rebstöcke versuchten, aus dem steinigen Boden auszubrechen. Dicke, verwitterte, verdrehte, gichtige Holzstümpfe tragen an spindeldürren, schwarz hervorstarrenden Armen kleine Büschel Laub und darunter halb versteckte dunkelblaue Trauben.

Diese Reben bringen schon seit der vorigen Jahrhundertwende Frucht. Über zwei Weltkriege hinweg sogen sie den Sonnenschein von Barossa in sich ein und wandelten ihn in Zucker um. Während Präsidenten und Premierminister kamen und gingen, schlürften sie Wasser aus der Tiefe und gaben es als den Saft ihrer Früchte wieder von sich. Schon ehe mein Großvater geboren wurde, lieferten diese Rebstöcke Wein.

Weil sie so alt sind, tragen sie nur noch sehr wenig Frucht, und weil der Ertrag so gering ist, sind Zucker und Geschmacksstoffe in der Frucht hoch konzentriert und ergeben einen ebenso kraftvollen und konzentrierten Wein.

Als sie gepflanzt wurden, war es üblich, Rebstöcke niedrig wie Büsche zu halten oder sie an einem einzigen, niedrig gespannten Draht entlang zu ziehen. Die Frucht hing tief am Boden – sie zu ernten, war mit Rückenschmerzen verbunden – und die Rebstöcke wuchsen über die Jahrzehnte hinweg in

dieser knorrigen, buckligen Form. Als dieser Weinberg angelegt wurde, gab es noch keine Bewässerungssysteme. Die Reben mussten tief in den Boden eindringen, um das für ihr Überleben und das Reifen ihrer Früchte so wichtige Wasser heraufzuholen. In Dürrejahren schrumpfte der sowieso schon geringe Ertrag wegen Wassermangel noch mehr.

Aber dieser Weinberg ist nicht typisch für Australien. Neben ihm erstreckt sich im immer dämmerigeren Licht ein viel üblicheres Beispiel: hoch gewachsen, üppig, überquellend von Ranken, Trieben und Laub. Diese Reben sind vor zehn Jahren gepflanzt und von Anfang an durch die unter den einzelnen Reihen verlegten schwarzen Rohre bewässert worden. Mit Sorgfalt wurden sie an einem komplizierten System von Spanndrähten hochgezogen, auf denen das sattgrüne Laubdach über Kopfhöhe ruht, während darunter ein reicher Traubenbehang im Dämmerlicht schimmert.

Diese Rebstöcke nähern sich gerade dem ersten Reifestadium. Infolge der künstlichen Bewässerung und moderner Kultivierungsmethoden erbringen sie das Fünffache an Frucht wie die altehrwürdigen Rebstöcke nebenan, und die Art, wie sie gezogen sind, ermöglicht die Ernte mit Maschinen – alles das trägt zu wirtschaftlicherer Weinproduktion bei.

In diesem Weinberg könnten bei sehr reichlicher Bewässerung und besonderer Spaliererziehung über 12 Tonnen Frucht je Hektar wachsen, aber dabei würde Wein mit dünnem Geschmack und ohne die Konzentration entstehen, die ein guter Shiraz haben muss. Tatsächlich aber wächst hier guter Shiraz, weil der Winzer darauf achtet, dass der Ertrag nicht über 7 Tonnen je Hektar steigt.

Es gibt fast ebenso viele Anbaumethoden wie Weinberge in der Welt: verschiedene Arten, die Reben zu «erziehen», unterschiedliche Pflanzdichten, unterschiedliche Auffassungen, ob Bewässerung erlaubt oder nicht erlaubt sein soll. Doch jeder Winzer, der nach Qualität strebt, achtet auf eines: Ausgewogenheit. Hier liegt der Schlüssel. Ein ausgewogener Weinberg bringt wohl auch gute Trauben und guten Wein – sofern das Wetter mitspielt.

Sonne

Zum Thema Jahreszeiten

Es regnet so sehr, dass ich nicht ausmachen kann, ob das Gesicht des alten Mannes vom Wetter oder von Tränen nass ist. Die schweren Wolken über uns verdüstern alles, und der verbeulte Hut wirft noch mehr Dunkel auf sein Gesicht.

Wir stampfen durch den Weinberg, die Erde klebt an unseren Stiefeln, dass man das Gefühl hat, man watet durch Sumpf. Der Regen trommelt so laut auf das Weinlaub, dass ich kaum verstehen kann, was der Alte sagt. Aber vielleicht brummt er auch nur vor sich hin. Hier und da bleibt er stehen und zieht eine Traube unter dem Laubdach hervor, betrachtet sie und lässt sie dann in den Schlamm fallen, nicht ärgerlich, eher resigniert.

Mir kommen die Trauben reif vor, aber der Alte schreit mir durch den Regen zu, sie müssten noch eine Woche Sonne haben, bevor sie gelesen werden könnten, und da musste nun ausgerechnet jetzt dieser verdammte Regen kommen, der erste stärkere in der ganzen Saison. Welcher vernünftige Mensch wolle denn auch überhaupt Winzer sein, sich abrackern die ganze Zeit, und wenn das so weitergehe, komme doch nur ein verdammt schlechter Jahrgang dabei heraus.

Für den Weinfreund hat das Wort Jahrgang einen besonderen Klang. In ihm steckt alles, was Wein so aufregend macht – dass nämlich jedes Jahr auf der ganzen Welt Wein entsteht, der irgendwie anders ist als jeder andere zuvor. Und gerade weil Wein jedes Jahr, je nachdem, wie es verläuft, garantiert ein wenig anders schmeckt, wird er eben nie langweilig.

Für den Winzer bringt jeder Jahrgang Aufregung, weil er ihm eine neue Chance bietet, den bestmöglichen Wein zu produzieren, neue Techniken zu erproben und aus voraufgegangenen Jahren zu lernen (und diese Chance gibt es schließlich nur alle zwölf Monate). Dass aber kein Jahrgang ganz so wie der andere ist, kann auch ein Problem sein.

Die Güte eines Jahrgangs – also des auf dem Etikett angegebenen Jahres – hängt aber nicht nur vom Wetter zur Zeit der Weinlese ab. Es kommt auch auf das an, was während der Wachstumssaison vor der Ernte geschieht. Ideal wäre etwa folgender Verlauf:

Winter. Die Reben stehen nackt und bloß in der Kälte. In den letzten Monaten sind sie zurückgeschnitten worden, wobei mit größtem Bedacht an jedem Trieb eine bestimmte Anzahl «Augen» belassen wurde. Die Rebe hält Winterschlaf, Frost kann ihr nichts anhaben.

Frühling. Die Knospen brechen bei wärmer werdendem Wetter auf: Kleine grüne Daunenbüschel sprießen aus dem dunklen Holz hervor. In den nächsten Wochen wachsen sie sich zu jungen Trieben mit hellgrünem Laub aus. Warmes und trockenes Wetter und ab und zu ein Regenguss lassen die Rebe gedeihen.

Frühsommer. An den grünen Trieben erscheinen winzige Blüten, die, von einer sanften Brise bestäubt, Frucht ansetzen. Es ist weiterhin warm, ab und zu gibt es Schauer.

Sommer. In den nächsten Monaten wachsen sich die winzigen Fruchtansätze zu kleinen, harten, grünen Beeren aus. Bei weiterhin idealem Wetter (warme Tage, kühle Nächte, nur ab und zu ein Schauer) reifen die Trauben heran und nehmen ihre endgültige Farbe an – rote Trauben werden dunkel, weiße durchscheinend.

Frühherbst. Das warme Wetter bleibt wie durch ein Wunder sogar über die Lese hinweg erhalten, und die Trauben werden alle in vollkommenem Reifezustand eingebracht. Nach der Lese kommt der Regen und füllt den Boden und die Stauseen auf. Die Weinfeste beginnen.

Winter. Die Reben versinken wieder in Schlaf, und der Rebschnitt fängt erneut an. Alle sind zufrieden.

Nun, ich brauche es wohl nicht erst zu sagen, dass dieser Verlauf reine Phantasie ist. Die Natur ist kaum je so freundlich. Manchmal erlebt ein Weinberg, ein Weinbaugebiet oder auch ein ganzes Land oder die Welt eine Wachstumssaison, die an Vollkommenheit grenzt (etwa 1990, als es offenbar überall in der Welt einen großen Jahrgang gab), und sie wird dann unverzüglich zum klassischen oder «Jahrhundertjahrgang» proklamiert.

Die Realität sieht freilich meist anders aus. Spätfröste können die zarten jungen Triebe im Frühling erbarmungslos zerstören und die Ernte von vornherein zunichte machen. Im Frühsommer kann es zu regnen anfangen und bis nach der Lese nicht wieder aufhören; dann gibt es Probleme mit Fäulnis, Rebenkrankheiten und verwässertem Wein. Oder es regnet monatelang überhaupt nicht, und die Reben können nicht genug Laub entwickeln, um genügend Sonne aufzunehmen und die Früchte zur Reife zu bringen. Oder die Wachstumsperiode verläuft bis zur Lesezeit einwandfrei, dann jedoch öffnet der Himmel seine Schleusen. Die Wachstumsperiode kann aber auch bis zur Lesezeit ungünstig verlaufen, dann aber kommt die Sonne heraus und rettet doch noch alles.

Machen kann man gar nichts. Wer möchte da noch Winzer sein?

Winter. Die Reben stehen nackt und bloß in der Kälte. In den letzten Monaten sind sie zurückgeschnitten worden, wobei mit größtem Bedacht an jedem Trieb eine bestimmte Anzahl «Augen» belassen wurde.

Ernte

Zum Thema Lese

Um 4 Uhr früh heißt es aufstehen. Es fängt noch nicht einmal an, hell zu werden. Auf dem Hof stehen wir frierend beisammen. Es war eine sternklare Nacht, die knallige Hitze des gestrigen Tages hat sich verflüchtigt.

Die kalte Luft treibt mir den Kater aus. Gestern Abend ist es spät geworden am Grillfeuer mit allzu vielen alten Jahrgängen vom besseren Cabernet des Hauses. Aber was soll's. Jetzt bekommt jeder seine Rebschere, und dann stapfen wir hinter dem Traktor her zu einem Shiraz-Bestand am halben Hang.

Weiter hangaufwärts hebt sich eine Traubenerntemaschine gegen den langsam grau werdenden Morgenhimmel gespenstisch ab. Scheinwerferlicht und Lärm schneiden durch die Stille, während die Maschine über die letzte Chardonnay-Zeile fährt. Ihre Schlagleisten haben zwei Stunden lang auf die Reben eingedroschen und die Trauben von den Stielen geschüttelt.

Die Frucht wird schnellstens ins Kelterhaus geschafft und verarbeitet, solange sie noch kühl ist, damit der Saft das volle Aroma behält und der Gärvorgang langsam und sanft einsetzen kann.

Der Chardonnay kann mit der Maschine auf einmal gelesen werden, weil er gesund ist, aber im Shiraz ist Fäule aufgetreten, deshalb muss er von Hand gelesen werden – es gilt die guten Trauben herauszusuchen, die schlechten können hängen bleiben. Der Shiraz ist noch nicht ganz so reif, wie es der Kellermeister gern gesehen hätte, aber er hat beschlossen, ihn jetzt zu ernten, ehe die Fäule um sich greift.

Jeder nimmt sich einen Kübel, und dann geht es mit der Schere in der Hand die Rebzeilen entlang. Vom Himmel kommt jetzt gerade genug Licht, dass man den Unterschied zwischen den guten Trauben – prall und blau – und den schlechten – eingeschrumpft und grau verschimmelt – erkennen kann. Ist der Kübel voll, wird er in die große Wanne auf dem Traktoranhänger geleert.

So geht es stundenlang, Bücken, Schnippeln, mit klebrigem Traubensaft an den Händen, bis die Sonne hoch über uns steht. Die Erntemaschine hätte das in wenigen Stunden geschafft, wir brauchen aber den halben Tag. Aber Maschinen können gut und schlecht nicht unterscheiden, und sie gehen unsanft mit den Trauben um. Lese von Hand ist noch immer am besten, wenn auch am schwersten.

Es ist jetzt wieder heiß. Die Shiraz-Trauben, die wir gelesen haben, sind schon drunten im Kelterhaus, wo sie gemahlen und zum Vergären in einen großen Tank gepumpt werden. Wir essen derweil im Weinberg unser Mittagbrot und trinken Wasser dazu. Vor meinem inneren Auge stehen Bilder von Weinbergarbeitern in Europa, die beim Essen kräftig zulangen und dazu literweise Rotwein hinunterkippen. In der Hitze dieses australischen Weinlesetags würde man da glatt umkippen.

Der Verwalter kommt herbei und sagt, dass für heute nicht mehr weiter gelesen wird, dafür soll es morgen wieder früh losgehen, und zwar in einem größeren Shiraz-Bestand. Einige von uns werden ins Kelterhaus geschickt, um die abgebeerten Stiele aus der Traubenmühle zu fischen und Rohre von einem Tank in den anderen zu legen. So geht es, bis es dunkel wird. Dann zündet einer wieder den Grill an und holt ein paar Flaschen Rotwein herbei, und es wird wieder eine lange Nacht.

Keller

Die Weinstile

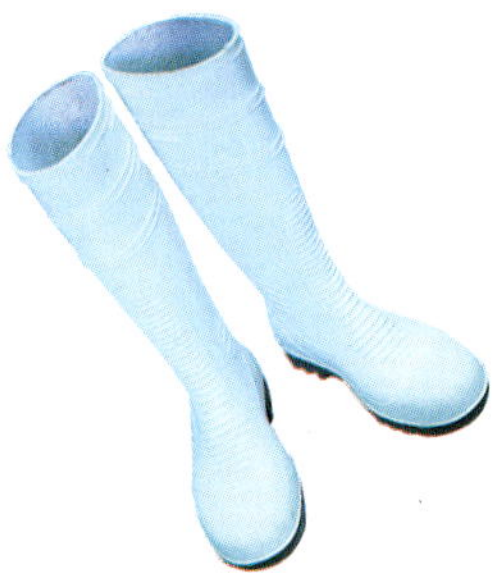

Am besten wäre es, man würde dieses Buch niederlegen, ein paar Freunde zusammentrommeln, ins Auto steigen und losfahren, bis man ein Weingut findet. Ganz egal, wie weit es ist und ob man noch anderes zu tun hat. Das hier ist wichtiger.

Man lernt mehr über das Weinmachen, wenn man eine Stunde in einer Kellerei zubringt (vorzugsweise zur Lesezeit), anstatt ein Leben lang Bücher wie dieses zu lesen. Eine Kellerei hat den Vorzug, dass man dort nicht nur sieht, was vorgeht, sondern es auch riecht. Natürlich kann man auch auf der nächsten Seite über Gärung lesen und ein paar Seiten weiter über Eichenfässer, aber im Keller selbst kann man den erregenden Duft der Hefe riechen, die Nase in ein Fass stecken und das herrliche Vanille-Toast-Aroma einatmen. In der Kellerei kann man Wein während der Entstehung probieren.

Im Keller fällt die Entscheidung über den Stil des Weins. Wie die Trauben herangewachsen sind, wie sie gelesen wurden, hat großen Einfluss auf den Stil, doch wenn sie einmal geerntet sind, ist es die Aufgabe des Kellermeisters, sie zu gestalten, das endgültige Produkt daraus zu formen. Der Winzer sagt, guter Wein entstehe im Weinberg, und der beste Kellermeister sei derjenige, der die Frucht so nimmt, wie sie ist.

Im Idealfall, wenn die Weinberglage gut ist und die Traubensorten die richtigen für diese Lage sind und wenn das Wetter anständig war und die Lese glatt abgelaufen ist, braucht der Kellermeister nur noch darauf zu achten, dass alle Gerätschaften sauber sind und am rechten Ort in der richtigen Ordnung bereitstehen. Der Wein macht sich dann praktisch selbst.

In der Realität geht es allerdings meist nicht so ideal zu, und der Kellermeister hat nach der Lese wahrhaftig alle Hände voll zu tun.

Most

Wie alles beginnt

Am Anfang war die Traube, und die Traube war gut.

Tatsächlich ist die Traube vollkommen. In jeder Beere ist alles verpackt, was zum Weinmachen gebraucht wird – Wasser, Zucker, Säure, Geschmacksstoffe. Als ob Jahrmillionen der Evolution und natürlichen Selektion nur dazu da gewesen wären, etwas so Vollkommenes zu schaffen, dass der Mensch nur noch zu entdecken brauchte, was die Natur ihm auf dem Präsentierteller (oder auf einem Stiel) darbot.

Wein aus so idealem Rohstoff wie der Traube zu machen, ist eigentlich ein Kinderspiel. Das Grundrezept lautet etwa so:

Wein

Zutaten: Trauben

Zubereitung: Man trampele auf den Trauben herum, damit der Saft austritt und die auf den Schalen und in der Luft vorhandenen wilden Hefen den Zucker in Gärung versetzen können.

Man lasse den Saft stehen, bis keine Bläschen mehr zu sehen sind und der Zucker in Alkohol umgesetzt ist.

Das Getränk ist fertig.

So einfach ist das?

Naja, *guten* Wein – das heißt fehlerfreien, glanzhellen, süffigen, schmackhaften Wein mit Charakter und Körper – zu machen, ist schon etwas komplizierter. Ob man nun aber Weißwein, Rotwein, Dessertwein, Schaumwein oder mit Alkohol angereicherten Wein machen will, es fängt immer mit sanfter Gewalt an.

Das Erste, was der Kellermeister mit den frisch geernteten Trauben macht, ist sie zu zermatschen. Es muss dem Winzer eigentlich doch einen Stich ins Herz geben, zusehen zu müssen, wie seine kostbaren, bildschönen Trauben, das Produkt monatelanger mühsamer, liebevoller Pflege, in einem großen Trichter verschwinden und durch eine Traubenmühle gedreht werden, wie die makellosen Beeren von den Stielen gerissen und ihre Schalen zerquetscht werden, um das helle, saftige Mark hervorquellen zu lassen.

Doch irgendwie muss dieser prächtige, dickflüssige, klebrig-süße Saft ja hervorgeholt werden, damit die Hefen sich auf den Zucker stürzen können. Denn im siedenden Brausen der Gärung, das nun beginnt und wobei Hefe den Zucker in Alkohol, Kohlensäure und Wärme umsetzt, liegt der Kern des ganzen Vorgangs, der Wendepunkt vom unschuldigen Traubensaft zum verführerischen Wein.

Das Erste, was der Kellermeister mit den frisch geernteten Trauben macht, ist sie zu zermatschen. Es muss dem Winzer eigentlich doch einen Stich ins Herz geben, zusehen zu müssen, wie die makellosen Beeren von den Stielen gerissen und ihre Schalen zerquetscht werden, um das helle, saftige Mark hervorquellen zu lassen.

TEL-TRU
ROCHESTER
HERMOMETER
°C

Edelstahl

Wie Weißwein entsteht

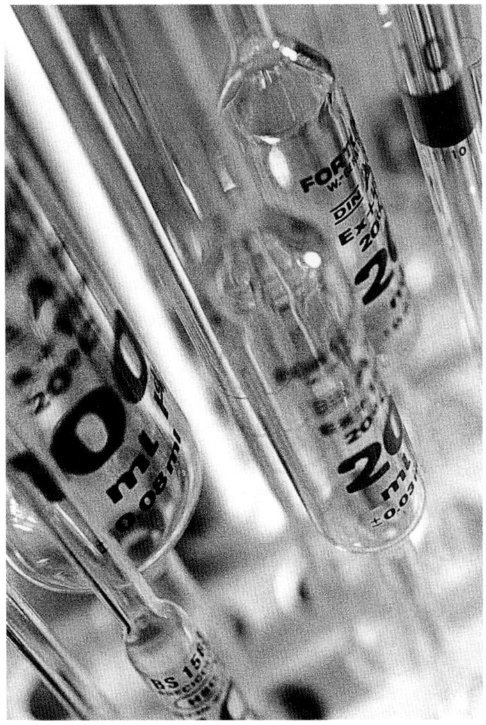

So sieht die moderne Kellerei aus: blinkend, schimmernd, lichterfüllt, ein Tempel aus glänzendem Edelstahl, blank geputzten Rohren, summenden Maschinen, Messuhren, Ventilen, Leitungen. Hygiene, nichts als Hygiene.

Reinlichkeit steht im Wörterbuch des Weißweinmachers gleich neben Redlichkeit – und noch dazu dick und fett gedruckt. Die meisten modernen Kellermeister sind sich darin einig, dass das Geheimnis der Erzeugung von gutem Wein, vor allem Weißwein, darin besteht, ihn sauber und kühl zu bereiten – je sauberer und kühler, desto besser.

Es kommt darauf an, den Verlauf möglichst weitgehend unter Kontrolle zu halten, um auszuschließen, dass Unerwünschtes (etwa zu viel Sauerstoff oder Bakterien) früher als der Kellermeister an den Most gelangt. Kühle, Sauberkeit und Effizienz helfen dabei. Deshalb geschehen Lese und Keltern vorzugsweise früh am Tag, ehe es heiß wird; deshalb ist viel Wasser zum Säubern der beste Freund des Kellermeisters; und deshalb sind moderne Kellereien meist so makellos klinisch rein.

Bei der Erzeugung guten Weißweins geht es also darum, den Saft aus den Trauben zu pressen, ihn zu vergären, den fertigen Wein in Flaschen zu füllen und dabei möglichst viel von den oft zarten Duft- und Geschmacksnoten der Traube zu bewahren. Allerdings kann man vor dem Abfüllen auch noch ein wenig mit dem Wein spielen, ihn vielleicht in Fässer füllen, aus denen er volleren, reicheren Charakter aufnimmt.

Aber fangen wir mit der einfachsten Art an – mit trockenem, nicht im Fass ausgebautem Weißwein. Wie entsteht der?

Leichter trockener Weißwein ohne Fassausbau

Zutaten

weiße Trauben (Riesling wäre gut, aber auch Sémillon, Sauvignon blanc, Colombard, Chenin blanc oder andere mehr)
Hefe

Hilfsmittel

viele Behälter und andere Gerätschaften aus Edelstahl

Rezept

Von Anfang an muss alles tadellos sauber sein; die Kühlanlage muss einwandfrei funktionieren – sie wird bestimmt gebraucht.

Die Trauben werden in der Traubenmühle gemahlen und von den Stielen getrennt.

Sodann presst man die gemahlenen Trauben in einer Kelter aus (eine pneumatische Presse – mit einem in einem Stahlzylinder liegenden aufblasbaren Gummiballon, der die Flüssigkeit durch ein Sieb hinausdrückt, während die Schalen und Kerne zurückbleiben – eignet sich gut).

Der Most wird zum Absetzen in einen kalten, geschlossenen Edelstahltank gepumpt.

Jetzt heißt es Hefe zusetzen und das Ganze kühl halten, damit die Gärung langsam vor sich geht und alle feinen Aromen und Geschmacksnuancen der Trauben eingefangen werden.

Nach ein paar Tagen, wenn die Gärung zu Ende ist, wird der neue Wein vom «Geläger» (dem Bodensatz aus toten Hefezellen und Pulpepartikeln) in einen anderen Tank abgepumpt. Nun kühlt man den Wein stark ab, um ihn zu stabilisieren. Dann wird beispielsweise Bentonit – ein feiner Ton – auf die Oberfläche gegeben, das beim Niedersinken die feinen Trubstoffe mitnimmt und den Wein klärt (das nennt man «Schönen»). Schließlich filtert man den Wein, so dass er glanzhell in die Flasche kommt.

Serviertipps

Die meisten ohne Fassausbau bereiteten trockenen Weißweine sollten kühl getrunken und möglichst verbraucht werden, ehe der nächste Jahrgang herauskommt, das heißt innerhalb von 12 Monaten nach ihrer Bereitung. Dann sind sie in ihrer Frische und Fruchtigkeit am besten.

Dagegen trinken sich manche ohne Fassausbau bereitete Weißweine, z. B. Sémillon, Marsanne und Riesling, zwar auch schon jung ganz herrlich, sie entfalten aber im Verlauf von zehn oder mehr Jahren in der Flasche großartige toastwürzige, volle Geschmacksnuancen.

Optionen und Varianten bei der Bereitung von Weisswein ohne Fassausbau

Anreicherung mit Zucker oder Säure
Manchmal hält es der Kellermeister für nötig, dem Wein zuzusetzen, was ihm die Natur versagt hat. In der Alten Welt, zum Beispiel in Frankreich, wo es manchmal an der Reife mangelt, darf Zucker zugesetzt werden (man nennt das *chaptalisation)*, um den Alkoholgehalt des Weins anzuheben, das Zusetzen von Säure ist jedoch nicht erlaubt. In Australien, wo es mit der Reife selten Probleme gibt, darf der Kellermeister Säure zusetzen (das nennt man *acidification*), um ein Gegengewicht zu den reiferen Geschmacksnoten zu schaffen; dafür ist hier keine Anreicherung mit Zucker erlaubt.

Schwefeldioxid Wir könnten ja die leidige Geschichte mit den Chemikalien, die in den Wein geschüttet werden, einfach unter den Tisch fallen lassen, aber schließlich sind wir alle erwachsen und, wie ich meine, bereit, den Tatsachen ins Gesicht zu sehen. Schwefeldioxid (SO_2) ist trotz der nüchternen chemischen Bezeichnung ein überaus nützliches Hilfsmittel bei der Weinbereitung, und zwar schon seit Jahrtausenden. Es wird beim Keltern fast allen Weinen der Welt in winzigen Mengen zugesetzt und verhindert, dass der Most oxidiert, braun wird und verdirbt; außerdem vernichtet es Bakterien und wilde Hefen und trägt zum guten Verlauf der Gärung bei. Am auffälligsten erscheint es in lieblichen Weißweinen ohne Fassausbau, in denen es sich als Geruch nach abgebrannten Streichhölzern bemerkbar macht. Diesen Geruch kann man oft vertreiben, indem man die Hand auf das Glas legt und dieses kräftig schwenkt. Schwefeldioxid erscheint auf dem Etikett als Code-Nummer 220, während ein ähnliches Mittel zur Oxidationsverhinderung, nämlich Ascorbinsäure (Vitamin C!), die Nummer 300 trägt.

Mischungen Bei der Weinbereitung ist es wie in der Küche: je besser die Zutaten, desto besser das Ergebnis. Es kommt darauf an, den Geschmack der Zutaten einzufangen und zum Vorschein zu bringen; dabei ist die Kunst des Mischens überaus wichtig.

Das Mischen von zwei oder mehr verschiedenen weißen Traubensorten ist bei nicht im Fass ausgebauten Weinen verbreitet, weil die verschiedenen Sorten im Zusammenwirken dem Ganzen größere Komplexität verleihen können. Ein gutes Beispiel hierfür ist die bereits erwähnte Mischung von Sémillon und Sauvignon blanc. Durch Abstimmen des kräuterwürzigen, säuerlichen Sauvignon blanc mit dem volleren, zitronenfruchtigen Sémillon entsteht oft ein ansprechenderer Wein, als es die beiden Bestandteile für sich genommen sind.

Es ist auch gebräuchlich, ohne Fassausbau bereiteten Wein mit im Fass ausgebautem zu mischen – dadurch erhält man einen Stil, der in der Mitte zwischen beiden liegt. Gemischt wird meist vor dem Stabilisieren und Abfüllen.

Vollerer trockener Weißwein mit Fassausbau

Zutaten

weiße Trauben (Chardonnay ist am populärsten, aber auch andere Sorten, z. B. Sémillon, werden verwendet)

Hefe

Hilfsmittel

Edelstahlgerätschaften

Eichenfässer

Rezept

Bis zum Gärvorgang wie bei trockenem Weißwein ohne Fassausbau.

Bevor die Gärung zu Ende geht, wird der Wein in Eichenfässer gepumpt.

In diesen wird er gelagert, um ihm einen Eichenholzton zu verleihen, der ihn runder und voller macht. Normalerweise reichen sechs bis acht Monate aus.

Nun geht es weiter wie schon beschrieben: In einen Tank umpumpen, stabilisieren, schönen, filtern und abfüllen.

Serviertipps

Wegen der Ausbauzeit im Fass kommt Weißwein dieser Art später als die nicht im Fass ausgebaute Art auf den Tisch. Am besten trinkt er sich meist im Alter von zwei bis vier Jahren, aber manche im Fass ausgebaute Chardonnays entfalten sich auch schön über längere Zeit und nehmen große Fülle und Honigwürze an.

Optionen und Varianten bei der Bereitung von Weisswein mit Fassausbau

Welche Art von Fässern? Das Fass für den Ausbau hat enormen Einfluss auf den Geschmack des Weins. Neue Fässer geben kräftigeren Eichenholzton ab als alte; kleinere Fässer bringen mehr Eichenholzcharakter ein als große; und amerikanische Eiche gibt kräftigeren Geschmack ab als französische.

Der Säureabbau macht Weine runder und ansprechender. Der Kellermeister muss entscheiden, ob der angestrebte Weinstil von einer teilweisen oder vollständigen «Malo» profitiert. Sie wird bei Rotwein fast immer, bei Weißwein ohne Fassausbau fast nie und bei Weißwein mit Fassausbau (bei dem sie am merklichsten zum Geschmack beiträgt) oft gefördert.

Beispielsweise wird in Eichenfässern vergorener und ausgebauter Chardonnay oft dem Säureabbau unterzogen, wodurch der Wein seine charakteristisch cremige, butterige Art in Geschmack und Gefüge erhält. Gewöhnlich behandelt der Kellermeister aber nur einen Teil der Fässer mit Chardonnay auf diese Weise; ihr Inhalt kann dann mit seiner sanfteren Art dem kräftiger säuerlich schmeckenden Wein aus den nicht mit «Malo» behandelten Fässern zu schönem Gleichgewicht verhelfen.

Reinlichkeit steht im Wörterbuch des Weißweinmachers gleich neben Redlichkeit – und noch dazu dick und fett gedruckt.

Eichenholzspäne und -klötze Allerdings haben die meisten preiswerteren Weißweine mit Eichenholzton nie ein Fass von innen gesehen. Ein Tank Weißwein lässt sich billiger und rascher mit einem Eichenholzton versehen, indem man entweder ein paar Eichenholzklötze oder einen Sack voll Eichenholzspäne hineinhängt. Dadurch bekommt der Wein zwar kräftigen Eichenholzgeschmack, aber die aus der Fasslagerung stammende Komplexität bleibt ihm versagt – weil er ja gar nicht die Zeit hat, im Fass zu reifen und milder zu werden.

Malolaktische Säureumwandlung Die «Malo», auch biologischer Säureabbau genannt, kann in frisch vergorenem Wein stattfinden, wobei die harte Apfelsäure durch Bakterien in die viel sanftere Milchsäure umgewandelt wird. Der Vorgang kann spontan ablaufen, wird meist aber vom Kellermeister eingeleitet.

Hefesatzlagerung und -aufrühren Wenn der Wein gärt, entsteht am Boden des Behälters ein Satz. Leichtere Weine ohne Fassausbau werden einfach vom Satz abgezogen, damit der Geschmack zart und rein bleibt. Strebt man aber einen komplexeren, fassgereiften Wein mit Säureabbau und kräftiger, butteriger, voller Art an, dann lässt man ihn auf dem Satz liegen und rührt diesen sogar gelegentlich auf, um die Komplexität noch mehr zu steigern.

Holz

Wie Rotwein entsteht

Weißwein machen kann harte Arbeit sein, aber Rotwein machen ist oft mit verdammt harter Arbeit verbunden. Das wird jeder bestätigen, der jemals eine Woche lang zweimal am Tag den massiven meterdicken Schalenhut, der in einem Gärfass an die Oberfläche steigt, wieder nach unter stoßen musste. Der erlebt hat, wie das aus dem Gärfass aufsteigende Kohlendioxid sich als unsichtbare Schicht darüber setzt, so dass man nach Luft schnappen muss. Der tonnenweise klebrige, ausgelaugte Traubenschalen aus den Gärfässern schaufeln musste. Und der weiß, welche Knochenarbeit nötig ist, um in einer altmodischen Korbpresse auch noch den letzten Tropfen Most aus den Schalen zu holen.

Die Schalen sind beim Rotwein das A und O. Presst man den hellen Saft roter Trauben aus und vergärt ihn, dann bekommt man Weißwein. Vergärt man aber die Schalen und den Saft von Rotweintrauben gemeinsam, dann treten die Farbstoffe, Tannine und robusteren Geschmacksstoffe aus den dunklen Schalen in den Wein über und färben ihn auch rot. Und dazu gehört eben harte Arbeit – siehe oben.

Anders als Weißwein kann junger Rotwein vor dem Abfüllen durchaus ein wenig Sauerstoff vertragen – tatsächlich kommt die Belüftung beim Umpumpen, Pressen und Abstechen seiner Komplexität und seiner Entfaltungsfähigkeit zugute. Rotwein vergärt bei höheren Temperaturen als Weißwein, weil dadurch vollerer Geschmack und die erforderliche kräftigere Struktur entstehen. Rotwein bringt auch längere Zeit im Fass zu als Weißwein: Der Holzton und der Abrundungseffekt aus dem Fassausbau werden den angestrebten Stilen angepasst.

Rosé
(eher Rotwein als Weißwein)

ZUTATEN
rote Trauben (am populärsten sind Grenache und Cabernet)
Hefe

HILFSMITTEL
Edelstahltanks

REZEPT
Rosé wird fast auf dieselbe Weise bereitet wie trockener Weißwein ohne Fassausbau. Der einzige Unterschied kommt beim Mahlen der Trauben ins Spiel: Weicht man die roten Schalen im Saft ein, dann wird ein wenig Pigment herausgelaugt, und der Wein errötet sanft – anders gesagt: Er nimmt Farbe an.
Ansonsten geht alles wie bereits beschrieben vor sich: vergären in Edelstahltanks, schönen, filtern, bald abfüllen und möglichst jung trinken.

OPTIONEN UND VARIANTEN BEI DER ROSÉ-BEREITUNG
Eine andere Art, Roséwein herzustellen, besteht darin, einen Teil des Mosts aus einem Bottich mit gemahlenen Rotweintrauben abzuziehen, wenn die Gärung gerade eingesetzt hat.

Dadurch bekommt man nicht nur einen hellrötlichen Wein, den man als Rosé verkaufen kann, sondern im verbliebenen Rotwein werden Farbe und Extrakt konzentriert. Noch eine andere Möglichkeit – eine echte Abkürzung – ist die, einem Weißwein einen Schuss Rotwein beizumischen. Ganz einfach.

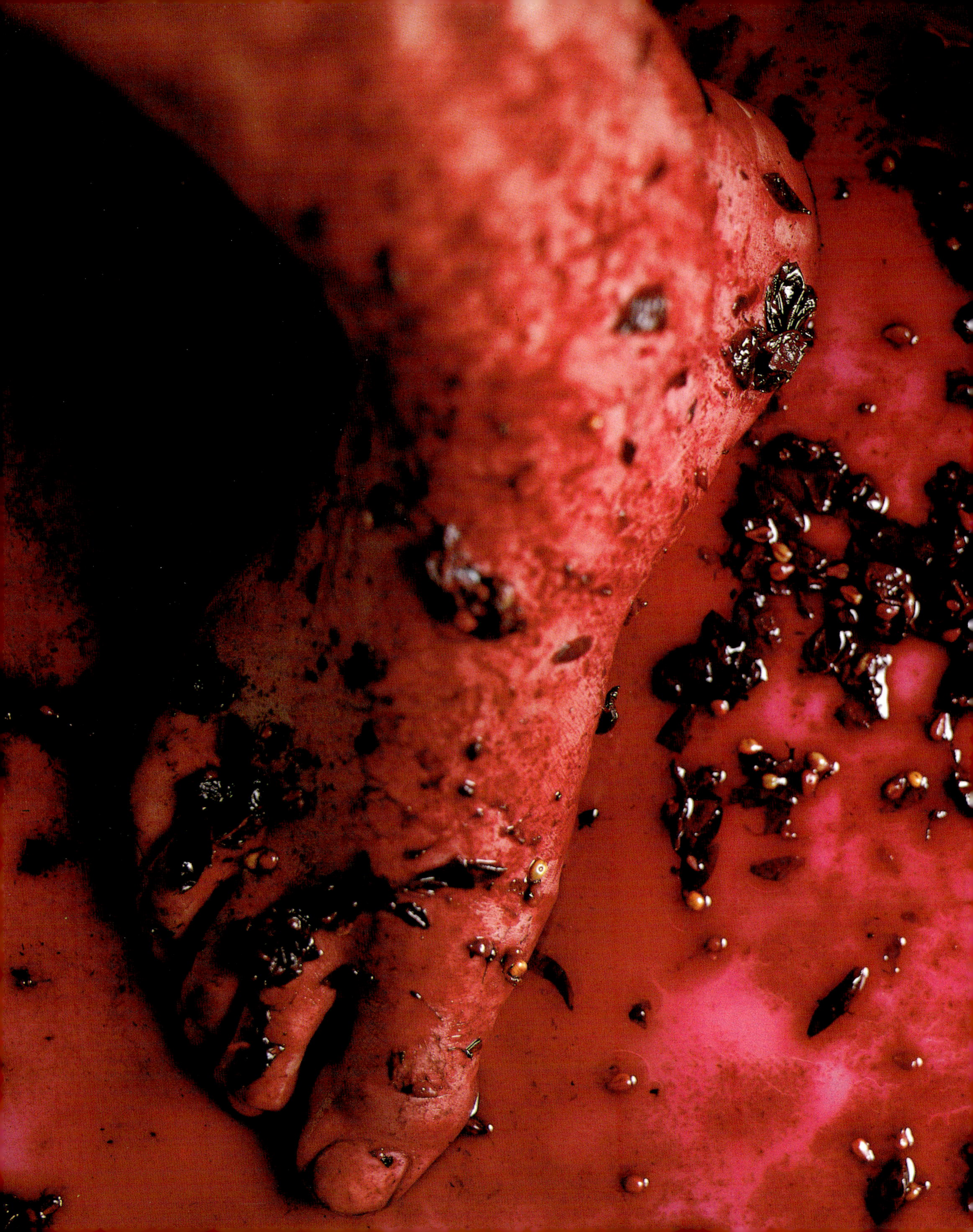

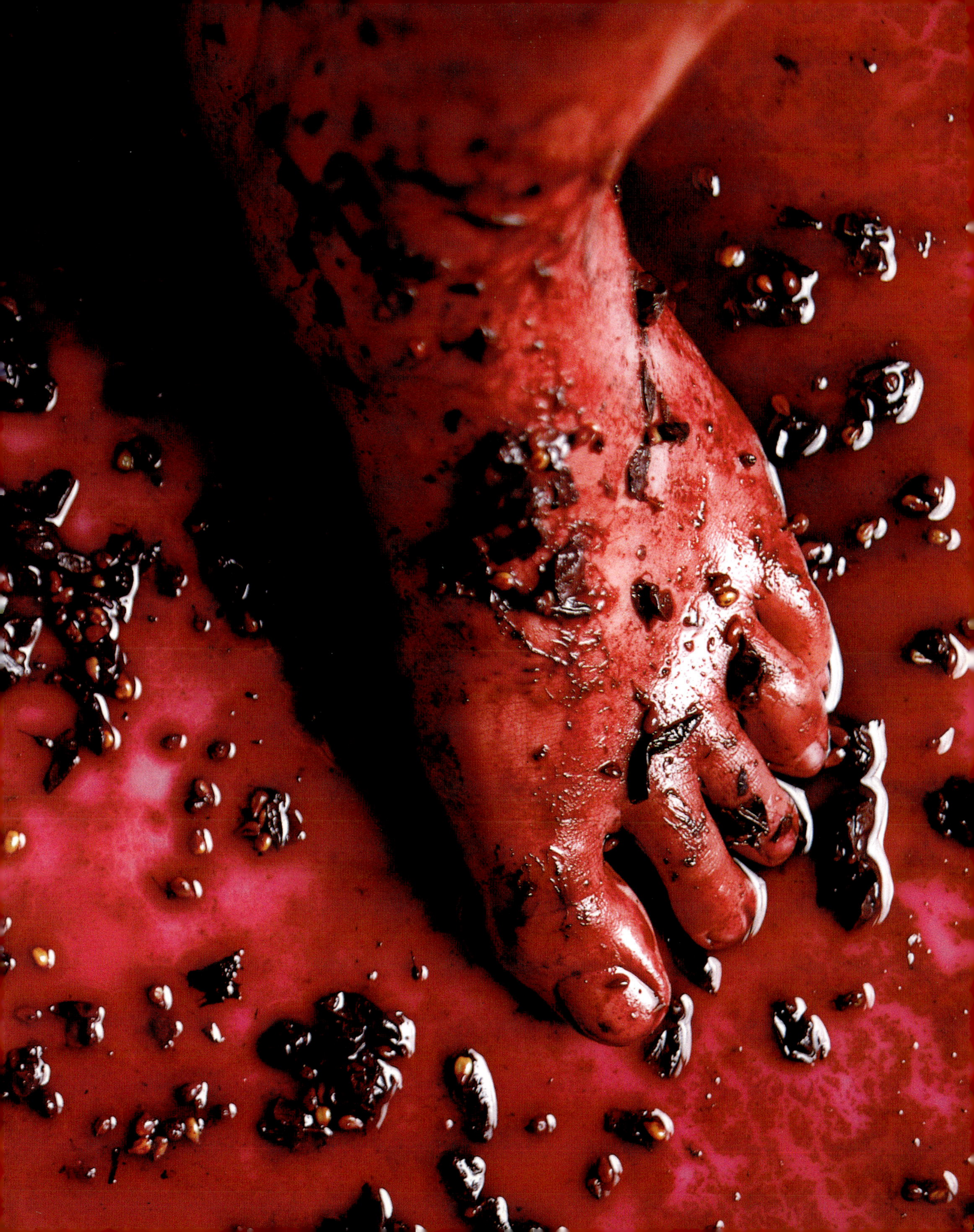

Rotwein

Zutaten

reife rote Trauben (die Auswahl ist groß, je nachdem, welche Art Wein angestrebt wird: Cabernet Sauvignon, Shiraz, Merlot – die Liste lässt sich noch verlängern, doch das Rezept ist im Wesentlichen dasselbe, ganz gleich, welche Traube man wählt)
Hefe

Hilfsmittel

große Behälter (Betonbottiche, Edelstahltanks usw.)
Eichenfässer

Rezept

Die roten Trauben werden gemahlen und von den Stielen getrennt; der Saft wird mit den Schalen in einen Behälter gepumpt.

Nun wird Hefe zugesetzt. Während der Gärung – bei höherer Temperatur als bei Weißwein – ist darauf zu achten, dass der Schalenhut, der sich oben auf dem Bottich bildet, immer gut mit dem Most in Berührung kommt, damit die so wichtige Farbe extrahiert werden kann.

Nach dem Ende des Gärvorgangs wird der purpurn schimmernde Wein von den Schalen getrennt und in Fässer gepumpt.

Darin bleibt er neun bis zwölf Monate liegen; ab und zu wird der Inhalt aufgefüllt und abgestochen (von einem Fass in ein anderes gepumpt, um ihn aufzufrischen und vom Bodensatz zu trennen). Die malolaktische Säureumwandlung erfolgt im Fass.

Schließlich wird der Wein stabilisiert, gefiltert und in Flaschen abgefüllt.

Serviertipps

Leichtere Rotweine können oft wie leichte trockene Weißweine innerhalb von zwölf bis achtzehn Monaten nach der Lese verbraucht werden. Mittelschwere Rotweine sind meist nach zwei bis drei Jahren, körperreichere Weine nach drei bis fünf Jahren trinkreif. Moderne Weinbereitungstechniken bringen Rotweine hervor, die schon in diesem jugendlichen Alter köstlich schmecken – und sowieso sind nur noch wenige bereit oder können es sich leisten, Rotwein einzukellern. Das bedeutet aber nicht, dass die heutigen Rotweine mit ihrer vordergründigen Frucht nicht genauso entfaltungsfähig wären wie die legendären Weine von einst.

Optionen und Varianten bei der Rotweinbereitung

Ganztraubengärung oder Zugabe der Stiele Früher, als so clevere Maschinen wie die Traubenmühle noch nicht erfunden waren, stopfte man die Rotweintrauben mitsamt Stielen, Laub, Eidechsen, Spinnen und allem einfach in einen großen Holzbottich oder eine Grube und stampfte sie mit den Füßen zu Brei. So ging es natürlich auch, allerdings nahm der Wein oft bittere Tannine aus den Stielen auf (ganz zu schweigen von den Proteinen aus den animalischen Zutaten).

Diese Praxis gibt es heute noch, wenn auch in etwas gemäßigterer Form. Besonders auf Wein der traditionellen Art bedachte Pinot-noir-Erzeuger arbeiten gern mindestens bei einem Teil ihres Weins mit der Ganztraubengärung – das heißt, die Stiele bleiben dabei oder die Stiele, die von der cleveren modernen Maschine abgerissen wurden, werden wieder zugegeben. Eine Spur Bitterstoff aus den Stielen erscheint ihnen nämlich wünschenswert, um ihrem Wein Komplexität und Struktur zu verleihen.

Wilde Hefen Stets und ständig schweben draußen vor der Tür Trillionen mikroskopischer Hefezellen in der Luft, immer sehnsüchtig auf der Suche nach einem Zuckermolekül, auf das sie sich stürzen können. Die schlaueren unter ihnen setzen sich außen auf den Schalen der Trauben oder in den Ecken der Kelterhäuser fest, weil sie wissen, dass früher oder später ein durstiger Mensch kommen und die Trauben zerquetschen wird, so dass der zuckersüße Saft herausquillt.

Bis noch vor recht kurzer Zeit verließ man sich bei der Weinbereitung ganz allein auf diese wilden Hefen, doch damit war der Gärprozess oft unsicher. Heutzutage sind die Kellermeister, vor allem auch in Australien, auf genauere Beherrschung des Vorgangs erpicht und arbeiten deshalb mit Kulturhefen – manche aber kehren wieder zur Tradition zurück und lassen die Natur allein ihr Werk tun. Sie behaupten, dass die wilden (oder einheimischen oder natürlichen) Hefen dem Wein mehr Charakter verleihen, und die in Flasche und Glas erfahrbaren Resultate geben ihnen Recht.

Kohlensäuremaischung Alle Regeln haben nun einmal ihre Ausnahme, und bei der Gärung ist das die *macération carbonique*. Dabei handelt es sich um einen Gärvorgang ohne Hefen. In Rotweintrauben mit unversehrten Beeren, die in einem geschlossenen Behälter von Kohlensäure umgeben sind, setzt der Gärprozess im Inneren der Beeren ein, und es entsteht Wein mit sehr fruchtigem Charakter. Diese Technik dient zur Bereitung leichter Weine, die für baldigen Verbrauch bestimmt sind oder mit volleren, konventionell bereiteten Weinen gemischt werden, um diesen mehr Frische zu verleihen.

Stampfen, Rühren, Pumpen Das klingt ziemlich chaotisch, nicht wahr? Doch tatsächlich bezeichnen diese Begriffe verschiedene Methoden, den gärenden Rotwein so eng wie möglich mit dem Schalenhut in Berührung zu bringen, der im Gärfass nach oben steigt.

Man kann ihn beispielsweise mit einer Art überdimensionalem Pürierstab unterrühren oder mit schweren Brettern untergetaucht halten. Auch den Schalenhut umwenden und die

Flüssigkeit von unten herauf über ihn pumpen ist ein gutes Verfahren, ebenso die Verwendung eines liegenden rotierenden Gärtanks, sinnigerweise «Rotofermenter» genannt. Aber auch die echt traditionelle Methode, sich auszuziehen und in der Brühe herumzuspringen, wird noch von manchen besonders energiegeladenen Winzern praktiziert. Alle diese Techniken sind dazu bestimmt, Rotweinen möglichst viel Farbe und Extrakt zu verleihen.

Verlängerte Maischung Nach all dem Chaos kann man dann den Wein auch noch eine Weile ziehen lassen. Dieser Maischvorgang (mit anderen Worten, der Wein bleibt nach beendeter Gärung auf den Schalen stehen) wird zur Erzielung vollerer, schwererer Rotweine angewandt und kann ein paar Tage, aber auch etliche Wochen dauern, je nachdem, wie viel Extrakt im Wein gewünscht wird. Leichte Rotweine, etwa Dolcetto, werden oft nur wenig umgepumpt und machen keine längere Maischung durch, während schwere Rotweine wie etwa Shiraz alles voll abbekommen.

Manche Pinot-noir-Produzenten maischen den Most gekühlt vor dem Vergären. Sie behaupten, dass durch diese Kaltmaischung ein zarterer, komplexerer Charakter erzielt wird.

Trester Nach dem Vergären und Maischen wird die Flüssigkeit von der Schalenmasse getrennt, indem man den Wein aus dem Gärbottich durch ein großes Sieb laufen lässt. Dabei erwischt man aber nicht die ganze kostbare Flüssigkeit, es bleibt noch viel in der Schalenmasse aufgesaugt, und deshalb muss sie ausgepresst werden. Bei sehr großen Mengen geschieht das am besten in einer riesigen automatischen Ballon- oder Spindelpresse, bei kleinen Mengen tut es auch eine handbetriebene Korbpresse. Dieser Presswein ist sehr dunkel und gerbstoffreich und wird je nach dem angestrebten Stil entweder dem frei abgelaufenen Wein beigemischt oder für sich gehalten.

Fässer Rotwein in Fässern reifen zu lassen beruht zu einem großen Teil auf denselben Überlegungen, wie sie für den Fassausbau von Weißwein gelten. Neue Fässer geben mehr Eichenholzton ab als ältere; kleine Fässer verleihen dem Wein mehr Eichenholzcharakter als größere; und amerikanische Eiche verleiht dem Wein eine auffälligere Note als französische. Wie schon erwähnt, bringt Rotwein längere Zeit im Eichenfass zu als Weißwein – meist neun bis achtzehn Monate –, damit er mehr Körper und Struktur erlangt. Eine Ausnahme hiervon machen natürlich leichte, für baldigen Verbrauch bestimmte Rotweine, die meist in Edelstahltanks und nicht in Holzfässern gelagert werden.

Mischungen Auch hier gelten dieselben Prinzipien, die bei Weißwein Anwendung finden. Manche Rotweintrauben, die jeweils für sich allein schon gut schmecken, können im Verein ganz Wunderbares bieten, beispielsweise Cabernet Sauvignon und Merlot oder Shiraz und Grenache.

Übrigens sind so gut wie alle Rotweine und auch Weißweine Mischungen etwa von zwei, drei, fünf verschiedenen Rebsorten, von Weinen aus verschiedenen Lagen oder auch verschiedenen Teilen ein und derselben Lage, jedoch von Trauben, die zu unterschiedlichen Zeiten gelesen wurden. Es gibt auch Mischungen aus zwei verschiedenen Tanks desselben,

Die Schalen sind beim Rotwein das A und O. Presst man den hellen Saft roter Trauben aus und vergärt ihn, bekommt man Weißwein. Vergärt man aber die Schalen und den Saft von Rotweintrauben gemeinsam, dann treten die Farbstoffe, Tannine und robusteren Geschmacksstoffe aus den dunklen Schalen in den Wein über und färben ihn auch rot.

aber jeweils auf etwas andere Art bereiteten Weins oder Mischungen aus fünf, dreißig oder zweihundert Fässern desselben Weins, wobei jede Partie in subtiler Weise zur Komplexität des Endprodukts beiträgt. Dieses Mischen, auch Verschneiden genannt, gibt dem Kellermeister eine echte Chance, den Stil des Weins zu prägen.

Schönen und Filtern Filtern oder nicht Filtern, das ist hier die Frage – ob's edler für den Wein sei, Trübung und Verderb zu dulden oder sie durch Filtern zu vermeiden …

Nach dem Verschneiden lässt man den Rotwein sich absetzen, und zumeist wird er vor dem Abfüllen geschönt und gefiltert. Das dient zu seiner Stabilisierung und vermindert das Risiko, dass er durch Bakterien verdorben werden könnte. Auch bildet sich während der Lagerzeit nicht so leicht ein Bodensatz in der Flasche – so mancher Verbraucher mag es nicht, unten in seinem Glas Bröckchen und Krümel zu finden. Aber manche Kellermeister glauben nun einmal, dass dem Wein durch Schönen und Filtern ein Teil seines Aromas, seines Geschmacks und seines Charakters entzogen wird. Also unterlassen sie das Schönen, und sie filtern nur minimal oder verzichten ganz auf beides und hoffen, dass sich der Wein im Tank oder im Fass von selbst klärt.

Fäule

Wie süßer Wein entsteht

Es ist kaum zu glauben, aber für einen Winzer, der goldenen edelsüßen Wein hervorbringen möchte, ist eine abstoßend verfaulte, verschimmelte Traube das Schönste auf der Welt. Zwar werden nicht alle süßen Weine aus faulen Trauben bereitet, wohl aber die besten.

Die Fäule, die ich hier meine, ist aber keine alltägliche, es ist *Botrytis cinerea*, ein Schimmelpilz, der unter günstigen Voraussetzungen (nämlich wenn die Nächte kühl und feucht, die Tage aber trocken und warm sind) seine winzigen Sporen in die Trauben treibt. Botrytis ist nicht immer gut, vielmehr wirkt sie sich bei manchen Traubensorten günstiger aus als bei anderen.

Für den Winzer, der trockenen Weiß- oder Rotwein produzieren möchte, ist sie als Graufäule eine Plage – sie lässt den Wein faul und schimmelig schmecken. Der Winzer jedoch, der einen Weinberg voll reifer, gesunder Riesling- oder Sémillon-Trauben sein Eigen nennen kann, wird um kühlfeuchtes Wetter beten. Wenn Botrytis nämlich diese beiden Sorten befällt, dann kann sie den Trauben Wasser entziehen, wodurch Zucker und Säure stark konzentriert werden; zugleich nimmt der Glyzeringehalt zu (das schafft ein üppiges Gefühl auf der Zunge), und der so entstehende intensiv süße Wein erlangt ein viel gepriesenes besonderes Aroma.

Theoretisch gilt: Je mehr Zucker die Trauben enthalten, desto mehr Alkohol ist nach der Gärung vorhanden. Müssen die Hefezellen jedoch überaus süßen Most vergären, werden sie mit der Kombination aus Alkohol und zu viel Zucker nicht fertig. So bleibt im Wein neben dem Alkohol auch ein Rest Zucker, und je mehr das ist, desto süßer schmeckt der Wein.

Die meisten süßen Weine entstehen aus Trauben, die lange am Rebstock hängen bleiben und deshalb mehr Zucker ansammeln können.

Süße Spätlese

Zutaten

hochreife weiße Trauben (die Sorten mit fruchtigerem Geschmack, z. B. Riesling, eignen sich meist gut)
Hefe

Hilfsmittel

Edelstahlbehälter

Rezept

Fast wie bei trockenem Weißwein ohne Fassausbau.

Die Trauben werden in einem kalten Edelstahltank gemahlen und gepresst.

Hefe wird zugesetzt.

Durch Abkühlen des Weins wird der Gärprozess abgestoppt, bevor der gesamte Zucker zu Alkohol vergoren ist.

Stabilisieren, schönen, filtern, abfüllen.

Serviertipps

Spätlesen sollten meist jung getrunken werden, solange sie frisch und fruchtig sind.

Edelsüßer Weißwein

Zutaten

hochreife, gesunde weiße Trauben (Sémillon, Riesling und Chenin blanc eignen sich sehr gut – wahlweise auch Gewürztraminer)
Herbstnebel
Hefe

Hilfsmittel

Edelstahlbehälter
Fässer (wahlweise)

Rezept

Die Trauben bleiben am Stock bis zu vollster Reife.

Nun heißt es darum beten, dass sich am Morgen kühle Herbstnebel über den Weinberg legen und darauf warme Nachmittage folgen. Das sind günstige Bedingungen für die Edelfäule. Tritt sie nicht auf, dann darf in manchen Ländern (so auch in Australien) gemogelt werden, indem man den Schimmelpilz auf die Trauben spritzt.

Sind die Trauben von Edelfäule überzogen, dann werden sie gelesen. (Es kann sein, dass man mehrmals durchlesen muss, weil die Edelfäule nicht alle Trauben gleichzeitig befällt.)

Nun werden die Trauben gekeltert. Das ist schwierig; vielleicht muss man die stark eingeschrumpften Trauben mehrmals pressen, um den sirupartigen Most zu gewinnen, wobei man sich von dessen unerfreulich braunem Aussehen nicht abschrecken lassen darf.

Dann wird Hefe zugesetzt.

Der Gärprozess geht langsam vor sich, weil die Hefen schwere Arbeit haben. Also Geduld!

Nach beendigter Gärung füllt man den Wein der zarteren Traubensorten (Riesling) in Edelstahltanks, den der volleren, dickflüssigeren Sorten (Sémillon) in Eichenfässer und lässt ihn einige Monate lang ruhen.

Dann wird der Wein durch Abkühlen stabilisiert, geschönt, gefiltert (sehr wichtig, denn man möchte ja nicht, dass der noch sehr stark zuckerhaltige Wein in der Flasche erneut zu gären beginnt) und schließlich abgefüllt.

Serviertipps

Edelsüße Weine sind zwar schon jung köstlich (meist kommen sie im Alter von ein bis zwei Jahren zum Verkauf), entfalten aber oft über viele Jahre hinweg üppige, honigwürzige Art mit einer reichen Palette von Nuancen wie Butterscotch, Aprikosen, Orangen, Sirup …

Optionen und Varianten bei der Bereitung von Süssweinen

Es gibt auch noch andere Möglichkeiten, süßen Weißwein zu produzieren. Am einfachsten ist es, trockenem Weißwein Traubenmostkonzentrat zuzusetzen – eine bei billigen Weinen oft geübte Praxis.

Mehr Aufwand erfordert es, reife Trauben zu lesen und sie vor dem Keltern zu trocknen – indem man sie entweder in der Sonne oder auf Regalen an einem luftigen Ort ausbreitet. Durch dieses «Rosinieren» wird den Trauben Wasser entzogen und ihr Zuckergehalt konzentriert. Diese Technik ist in Italien besonders verbreitet.

Noch mühsamer ist es, die (möglichst nicht von Edelfäule befallenen) Trauben hängen zu lassen, bis in kalten Winternächten das Wasser in ihrem Saft gefriert. Dann werden sie schnellstens gelesen und gekeltert, wobei man den zuckerreichen Saft und das gefrorene Wasser trennt. Diese Eisweintechnik, die vor allem in Deutschland, Österreich und Kanada verbreitet ist, bringt unerhört süße Weine hervor. Sie lässt sich in wärmerem Klima einfach dadurch nachahmen, dass man die Trauben nach der Lese einfriert.

Kohlensäure

Wie Schaumwein entsteht

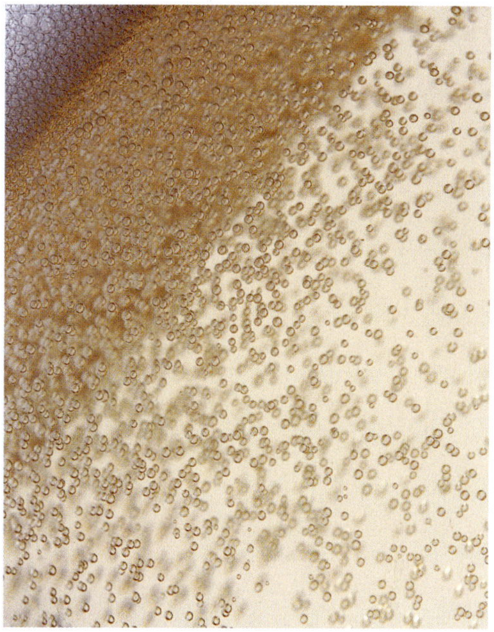

Kühl. Kalt. Eiskalt. Wirklich guter Schaumwein ist eine durch und durch kühle Angelegenheit.

Um ihn zu produzieren, braucht man Trauben aus einem kühlen Klima, wie es in der Champagne, in Tasmanien, den Adelaide Hills oder Neuseeland herrscht, wo die Trauben langsam reifen, so dass sie frisch und säuerlich bleiben und feine, zarte Geschmacksnoten entwickeln. Den Most solcher Trauben gilt es langsam und kühl zu vergären und damit im Grundwein die ganze herbe, zitrusfruchtige Delikatesse zu wahren. Dann braucht man einen kühlen, feuchten Ort, um den Grundwein – in Flaschen abgefüllt und mit etwas Hefe und Zucker versetzt – zu lagern, so dass durch erneute Gärung Sprudelbläschen entstehen. Und zum guten Schluss braucht man natürlich viel Eiswasser, in das man die Flasche zum Abkühlen steckt, bevor man sie öffnet und den Inhalt in gut vorgekühlte Gläser ausschenkt.

Hört sich nach viel Aufwand an, nur damit der Wein sprudelt! Da fragt man sich schon: wozu das Ganze? Weil eben *alle* schäumenden Wein mögen.

Das Image des Sekts als Getränk für alle Fälle – aber besonders für die feierlichen – ist vielleicht der erfolgreichste Marketing-Gag aller Zeiten. Schließlich ist es ja nur Wein, der sprudelt, doch Generationen von Sektherstellern (vor allem französische) haben uns eingeredet, dass er irgendwie anders, nobler ist als anderer Wein. Wenn man zum Frühstück eine Flasche stillen Chardonnay öffnet, halten die Leute einen für einen Alkoholiker, lässt man aber einen Sektkorken knallen, dann ist das in Ordnung (ja bitte, ich nehm gern noch ein Gläschen).

Es gibt verschiedene Möglichkeiten, Wein zum Sprudeln zu bringen, doch für die beste braucht man haufenweise Zeit, Geld und Mühe.

Schaumwein bester Qualität

Zutaten

nicht übermäßig reife Trauben (weiß oder rot, wir brauchen ja nur den Saft, nicht die Schalen)
Hefe
etwas Zucker

Hilfsmittel

Edelstahltanks
Messgefäße für den Mischprozess
schwere, dicke Flaschen und Kronenkorken
Ferner werden benötigt:
ein kühler Ort und viel Zeit

Rezept

Die Trauben werden sanft gepresst, ohne sie vorher zu mahlen (man nennt das sinnigerweise Ganztraubenpressen); dann wird Hefe zugesetzt und ein trockener Weißwein, der so genannte Grundwein, ohne Fassausbau hergestellt. (Manche Sekthersteller, die einen besonders hochwertigen, volleren Stil anstreben, lassen ihren Grundweinen Säureabbau und Fassreife angedeihen, die meisten aber vermeiden das, um nichts von der Frische einzubüßen.)

Nachdem verschiedene Grundweine hergestellt sind, werden sie mit anderen aus früheren Jahren gemischt, bis der endgültige Grundwein (die Cuvée) erzielt ist, der alle gewünschten Qualitäten für besten Schaumwein aufweist: Finesse, frische Säure, Nachhaltigkeit und Komplexität.

Dieser Grundwein wird in kräftige Flaschen abgefüllt, mit etwas Hefe und Zucker versetzt und mit Kronenkorken verschlossen.

Die Flaschen werden nun mindestens 18 Monate lang an einem kühlen Ort gelagert. Die Hefe und der Zucker verursachen in der Flasche eine erneute Gärung, bei der ein wenig mehr Alkohol und sehr viel Kohlensäure entsteht. Da die Flasche fest verschlossen ist, kann die Kohlensäure nicht entweichen und bleibt im Wein gelöst.

Die toten Hefezellen sammeln sich in der Flasche als Satz an. Im Lauf der Monate verleiht er dem Inhalt eine ausgeprägt brotähnliche, hefige Note. Nun aber entsteht ein Problem: Wie wird man den Satz los, ohne das Sprudeln einzubüßen?

Die Antwort lautet: Die Flasche wird leicht geschüttelt und dabei nach und nach so gedreht, dass sie zum Schluss auf dem Kopf steht und der Satz sich im Hals gesammelt hat. Dieses so genannte Rütteln dauert, wenn es von Hand ausgeführt wird, wochenlang, wenn es dagegen maschinell geschieht, nur ein paar Tage.

Nun wird der Hals in Eiswasser getaucht, dadurch der Satzpfropfen eingefroren, und wenn man dann die Flasche aufrecht stellt und den Kronenkorken abnimmt, dann kommt der Pfropfen heraus, ohne dass allzu viel vom Kohlensäuredruck verloren geht. (Dieses so genannte Degorgieren erfolgt maschinell, nur gelegentlich noch von Hand.)

Anschließend werden die Flaschen mit einem Gemisch aus Wein und Zucker aufgefüllt – man nennt diesen Vorgang Dosage – und mit den charakteristischen dicken Korken und einem Drahtkorb verschlossen. Nach ein paar Monaten Lagerzeit zum Beruhigen kommt die Flasche dann auf den Markt.

Nach diesem Verfahren wird in der Champagne, aber auch von Herstellern anderswo in der Welt, die hochwertigen Schaumwein anstreben, gearbeitet.

Serviertipps

Sekt ist meist trinkreif, wenn er zum Verkauf gelangt, manchmal (bei besonders gutem Sekt mit oder ohne Jahrgangsdatum) entwickeln sich nach einigen Jahren Kellerreife herrlich volle, toastwürzige Geschmacksnuancen.

Eine Stunde in einem Kübel mit Eiswasser bringt ihn auf die richtige Temperatur (im Kühlschrank dauert es länger). Und so öffnet man eine Flasche Sekt am besten: Die Folie und den Drahtkorb abnehmen, dabei den Daumen fest auf dem Korken halten, für den Fall, dass die Flasche geschüttelt worden ist und nur darauf wartet, ihren inneren Druck loszuwerden. Nun schlägt man eine Serviette oder etwas Ähnliches über den Korken, hält sie mit einer Hand fest und dreht mit der anderen die Flasche – nicht den Korken. Man sollte den Korken nur mit seinem sanften *phht* aus der Flasche kommen hören und nicht mit einem Knall und anschließendem Herauszischen des Inhalts, denn schließlich hat sich der Hersteller so viel Mühe gemacht, den Sprudel in die Flasche zu bekommen, da wäre es doch jammerschade, ihn mit einem einzigen Schuss zu verpulvern.

Optionen und Varianten bei der Bereitung von hochwertigem Schaumwein

Die Trauben Sekt kann man von beliebigen Trauben machen, aber Chardonnay, Pinot noir und Pinot meunier aus kühlem Klima sind am besten. Der weiße Chardonnay mit seiner Finesse und Nachhaltigkeit und die roten Pinots mit ihrem Körper und ihrer Fülle wirken bei der Herstellung hochwertiger Schaumweine auf eine Art und Weise zusammen, wie andere Traubensorten sie nicht erreichen. Diese Tatsache ist eine von den wenigen, bei denen sich die Weinmacher aus der Alten und der Neuen Welt völlig einig sind.

Chardonnay und Pinot noir werden zwar meist miteinander gemischt, gelegentlich aber auch für sich allein verarbeitet. Man nennt Schaumwein rein von Chardonnay *blanc de blancs* (Weißen von weißen Trauben) und rein von Pinot noir *blanc de noirs* (Weißen von dunklen Trauben). Alles klar?

Billigerer Sekt wird dagegen oft von weniger prestigeträchtigen Traubensorten wie etwa Sémillon, Colombard, Riesling, ja sogar Shiraz und Grenache gewonnen.

Cuvée Schaumwein verdankt seinen jeweiligen Charakter – nicht nur den Sprudel – mehr dem Herstellungsverfahren als den verwendeten Trauben oder auch deren Herkunft. Fast alle Schaumweine sind aus verschiedenen Grundweinen gemischt, um höchste Komplexität und einen bestimmten Stil zu erzielen.

Das Zusammenstellen der Cuvée grenzt an den Blick in die Kristallkugel: Es müssen bestimmte Qualitäten dabei herauskommen, die den bestmöglichen Geschmack gewährleisten, *nachdem* der Schaum hineingezaubert worden ist. Man braucht ungeheuer viel Erfahrung, um beim Degustieren von herben, grünen, fast ungenießbaren Grundweinen vorherzusagen, welche Geschmacksnuancen das endgültige Produkt haben wird.

Ob es sich aber nun um das umständliche und höchst präzise Kombinieren von vierzig verschiedenen Stillweinen aus erstklassigem Chardonnay, Pinot noir und Pinot meunier für feinsten Champagner oder um das etwas einfachere Kombinieren beliebiger Traubensorten für billigen Schaumwein handelt, der Sinn der Sache ist derselbe.

Rosé-Schaumwein entsteht entweder von roten Trauben, indem der Most ein Weilchen bei den Schalen verbleibt, bevor er abgepresst und weiterverarbeitet wird, oder indem man der Cuvée vor der zweiten Gärung etwas Rotwein beimischt.

Sekt mit oder ohne Jahrgang Schaumwein – auch Champagner – trägt oft kein Jahrgangsdatum. Sekt ohne Jahrgangsdatum ist stets eine Mischung von Grundweinen aus verschiedenen Jahren und soll auf diese Weise einen gleichmäßigen Stil erhalten: Fehlt es beispielsweise dem Wein aus einem bestimmten Jahr an Säure, dann kann man ihm herben, säuerlichen Wein aus dem Vorjahr zusetzen. Dagegen stammen die prestigeträchtigeren

Champagner, aber auch die meisten australischen Schaumweine der Spitzenklasse jeweils aus nur einem Jahrgang.

Récemment dégorgé Je länger ein Wein auf dem Hefesatz liegen bleibt, nachdem die zweite Gärung und die übliche Lagerzeit von achtzehn Monaten vorüber ist, desto mehr teilen die sich auflösenden Hefezellen ihm ihren besonderen Brot- und Nusscharakter mit. Der Kontakt mit den Hefezellen (und die in der Flasche gespeicherte enorme Menge an Kohlensäure) hilft dem Wein außerdem, seine frische, ursprüngliche Frucht zu bewahren, und umso komplexer – und wohlschmeckender – ist er, wenn er schließlich degorgiert wird.

Die wirtschaftlichen Erfordernisse (die oft entscheidende Triebkraft auch im Weinbau) bringen es mit sich, dass selbst hochwertiger Sekt im Allgemeinen nach nur zwei oder höchstens drei Jahren Lagerzeit auf dem Hefesatz zum Verkauf gelangt. Gelegentlich aber werden besonders gute Exemplare länger aufbewahrt, und so stößt man manchmal auf Flaschen, in denen der Hefesatz erst nach fünf, acht, zehn Jahren entfernt wurde. Wenn auf dem Etikett «récemment dégorgé» oder bei australischem Sekt «late-disgorged» angegeben ist, sollte man zugreifen.

Andere Arten der Schaumweinbereitung Wie schon gesagt, erfordert die oben beschriebene Methode nicht nur den größten Aufwand an Arbeit und Zeit, sie ist auch die kostspieligste. Die Nachfrage nach Schaumwein ist aber so groß, dass andere – schnellere, bequemere und billigere – Methoden entwickelt worden sind.

Transfermethode Bei diesem Verfahren wird fast dieselbe Geschmacksvielfalt erreicht wie bei der klassischen Methode, es ist aber weniger umständlich. Auch hierbei macht der Grundwein, versetzt mit einem Gemisch aus Hefe und Zucker, in Flaschen eine Zweitgärung durch und wird dann kühl gelagert, damit sich der feine Brot- und Nussgeschmack entfalten kann. Dann aber spart man sich die Mühe mit dem Rütteln und Degorgieren; vielmehr gibt man den Wein aus der Flasche in einen Drucktank und filtert den Hefesatz heraus. Anschließend wird er (unter Druck) erneut in Flaschen gefüllt, mit einer Dosage versehen und verkorkt.

Tankgärung (nach ihrem Erfinder auch Charmat-Methode genannt) Hierbei spart man sich das Rütteln, das Degorgieren, ja sogar die Flaschen für die Zweitgärung. Stattdessen werden in einem Drucktank Zucker und Hefe einem Grundwein beigemischt. Bei der anschließenden Zweitgärung entsteht Kohlensäure, und dann erhält der Wein eine Dosage und wird (wieder unter Druck) abgefüllt und verkorkt. Rasch, billig, bequem.

Versetzen mit Kohlensäure Dasselbe Prinzip wie bei Limonade: In einem Tank wird Kohlensäure in den Grundwein gepresst und dieser dann in Flaschen abgefüllt. Am schnellsten, billigsten und bequemsten. Aber auch kein besonderer Genuss.

Weingeist

Wie angereicherter Wein entsteht

Wer auf die Frage, wann er zum letzten Mal ein Glas Sherry getrunken hat, mit «Gestern» antworten kann, darf sich selbst voll Hochachtung auf die Schulter klopfen. Wer aber antworten muss: «Weiß nicht mehr» oder «Noch nie», der ist durchaus *in*.

Mit Alkohol angereicherte Weine wie Sherry, Liqueur Muscat oder Port kommen heutzutage nicht über jedermanns Lippen. Das liegt zum Teil am Image. Diese Weine gelten als Überbleibsel aus längst vergangenen Tagen. Sie brauchen oft Jahrzehnte zu ihrer Entstehung und sind Welten entfernt von den heute beliebten leichten Rotweinen und frischen Weißweinen. Sherry – so etwas trank die Großmutter! Und Liqueur Muscat – davon hat höchstens ein alter Onkel noch eine verstaubte Flasche. Und Portwein trinken allenfalls noch pensionierte (vermutlich gichtgeplagte) englische Offiziere, wenn sie in ihrem holzgetäfelten Club in Erinnerungen an ihre Dienstzeit in Indien schwelgen – das weiß man doch.

Nimmt man dazu noch die verbreitete Besorgnis darüber, wie viel Alkohol wir doch konsumieren – wobei sich die 18 bis 20 % Alkoholgehalt der meisten angereicherten Weine recht stattlich ausnehmen –, dann kann man sich nur wundern, dass überhaupt noch jemand so etwas herstellt. Dass es immer noch geschieht, liegt daran, dass gute alkoholangereicherte Weine zu den komplexesten und erfreulichsten Weinstilen gehören und ein zwar kleiner, aber treuer Abnehmerkreis für sie besteht.

Wie beim Sekt stammt der wesentliche Geschmackscharakter der mit Alkohol angereicherten Weine nicht von der Traubensorte oder der Weinberglage, sondern aus der Bereitungsart. Sie schmecken nach dem Alkohol, mit dem sie angereichert sind, nach der oft langen

Ausbauzeit im Fass, nach langer, absichtsvoller Berührung mit Luft.

Übrigens, die klangvollen Namen Sherry, Port, Madeira, Tokajer wurden in Australien kurzerhand für die dort produzierten angereicherten Weine übernommen. Wie «Champagne», «Claret», «Burgundy» und «Chablis» wurden sie vor rund hundert Jahren als Gattungsnamen von den Vorbildern aus der Alten Welt «geborgt», denen die australischen Produkte nachempfunden waren. Sherry ist ja eine anglisierte Version von Jerez, der Stadt in Südspanien, wo der gute spanische Sherry gemacht wird. Und Port nennen die Engländer seit Jahrhunderten den angereicherten Wein aus Portugal.

Wie beim Champagner, Burgunder usw. verlangen die Weinproduzenten der Alten Welt seit langem von den Australiern, dass sie aufhören, diese geborgten Namen zu benutzen, und sich eigene einfallen lassen. Die Australier haben inzwischen nachgegeben, und so verschwinden die alten Gattungsnamen allmählich – die meisten sind sogar schon verschwunden. Ich wollte hier nur die Sache klären, damit man darüber Bescheid weiß, auch wenn ich die alten Namen der Einfachheit halber weiter verwende.

Übrigens braucht der Liqueur Muscat, einer der großartigsten angereicherten Weine Australiens, sich seines Namens nicht zu schämen, denn dieser stammt von der Rebsorte und nicht vom Weinstil. Gottseidank gibt es doch noch Dinge, die von sich aus einfach sind.

Mit Alkohol angereicherter Wein (Grundrezept)

Es gibt viele Arten von angereicherten Weinen, aber sie alle entstehen im Grund auf ähnliche Weise: Trauben werden gekeltert, und die Gärung wird eingeleitet wie bei jedem anderen Wein. Dann kommt das «Aufspriten» durch Beimischen von neutralem Weingeist oder Branntwein. Dadurch wird einerseits die Hefe abgetötet und damit der Gärprozess gestoppt und andererseits der Alkoholgehalt erhöht.

Reichert man mit Alkohol an, bevor der Gärprozess schon weit fortgeschritten und noch unvergorener Zucker im Most enthalten ist, dann ist das Endprodukt süß. Mischt man den Alkohol erst später bei, wenn der gesamte Zucker schon vergoren ist, dann ist das Endprodukt trocken. Was anschließend geschieht, hängt vom angestrebten Stil ab.

Angereicherte Weine verschiedener Stile

Sherry

Kein anderer Wein verdient die Bezeichnung «knochentrocken» mehr als guter trockener Sherry: Er gehört zu den leichtesten, erfrischendsten, alkoholschwächsten unter den angereicherten Weinen und ist – gut gekühlt – das vollkommenste Getränk zum Appetitanregen. Demgegenüber reicht kaum ein anderer Wein an die Komplexität, Duftfülle und schiere Klasse eines guten alten süßen Sherry heran.

Wer trockenen Sherry haben möchte, muss auf Etiketten nach Begriffen wie *Fino, Flor, Manzanilla* oder *Amontillado* suchen. Auf süßem Sherry steht *Sweet,* während *Oloroso* auf einen alten Sherry hinweist.

Trockener Sherry wird mit etwas Alkohol angereichert, nachdem der Gärprozess beendet ist, und dann in alten Eichenfässern ausgebaut. Da die Fässer nicht ganz voll sind, reagiert der

Und Portwein trinken allenfalls noch pensionierte (vermutlich gichtgeplagte) englische Offiziere, wenn sie in ihrem holzgetäfelten Club in Erinnerungen an ihre Dienstzeit in Indien schwelgen – das weiß man doch.

Sherry darin mit der Luft in dem freien Raum und oxidiert teilweise, wobei ein besonderer Nussgeschmack entsteht. Außerdem wächst auf trockenem Sherry im Fass eine «Flor» genannte Hefeschicht und verleiht ihm einen pikanten Brotgeschmack.

Andere Sherry-Arten entstehen auf dieselbe Weise, doch werden sie stärker mit Alkohol angereichert, bevor sie ins Fass gelangen. Auf ihnen wächst keine Flor-Hefe, und im Lauf der Jahre, die sie im Fass liegen, nehmen sie tiefbraune Farbe an und entwickeln sehr komplexe, konzentrierte, würzige Holznoten.

Solch dunkler, alter Sherry wird «Oloroso» genannt und kommt trocken oder durch Beimischen von Mostkonzentrat gesüßt in die Flasche. Billigerer, ohne jahrelange Fassreife bereiteter (und daher nicht so komplexer) Sherry der süßen oder halbsüßen Art wird meist als «Cream» Sherry bezeichnet.

Das Solera-System und Madeira

Man stelle sich eine Pyramide aus Fässern mit Wein verschiedenen Alters vor, wobei der älteste Wein in der untersten, der jüngste in der obersten Reihe enthalten ist. Jedes Jahr wird aus der untersten Reihe Wein abgezogen und in Flaschen gefüllt. Die Fässer werden mit Wein aus der darüber liegenden Reihe aufgefüllt, diese wieder mit Wein aus der Reihe darüber und so fort, bis die oberste Reihe erreicht ist, die dann wieder den neuen Jahrgang aufnimmt.

Das Ganze nennt sich Solera-System. Es gewährleistet, dass der Wein aus der untersten Fassreihe stets gleich bleibende Art aufweist, weil Jahrgangsschwankungen durch das ständige Mischen ausgebügelt werden.

Wenn man also eine Flasche in die Hand bekommt, auf der «Solera 1897» steht, dann bedeutet das, dass ihr Inhalt eine winzige Menge Wein enthält, der schon über 100 Jahre alt ist. In Australien aber wird man kaum je eine solche Flasche finden: Obwohl das Solera-System dort verbreitet ist und obwohl ein winziger Teil des Weins in der endgültigen Mischung manchmal tatsächlich 100 Jahre alt sein mag, erfährt man es doch nur selten.

Das System spielt freilich auch in anderen Weltgegenden bei der Herstellung angereicherter Weine eine wesentliche Rolle – so in Spanien für den Sherry und auf Madeira, wo Soleras in heißen Räumen lagern, damit der Wein dunkelgebrannte Noten annimmt.

Port

Der Schlüssel zu Port – vor allem Vintage Port (also aus einem einzigen Jahrgang) – liegt in hochreifen, dickschaligen Rotweintrauben. In Portugal ist Touriga die Hauptrebsorte, in Australien sind Shiraz und Grenache beliebt. Dieser angereicherte Wein verlangt viel Farbe, Tannin, Zucker und Geschmacksfülle. Es gibt eine ganze Reihe von Port-Stilen, die üblichsten aber sind Vintage und Tawny.

Für Vintage Port werden die Trauben gekeltert wie für trockenen Rotwein. Wenn der halb fertige Wein noch reichlich unvergorenen Zucker enthält, wird ihm Weingeist beigemischt, um den Gärprozess zu stoppen. Damit gelangt der Alkoholgehalt auf 18 bis 20 %, und der Wein bleibt süß.

Dieser purpurrote Jungwein wird nun auf kurze Zeit (etwa ein Jahr) in Eichenfässern ausgebaut und dann, noch dunkel in der Farbe und voll im Geschmack, in Flaschen gefüllt und sich selbst überlassen. Vintage Port kann sich, weil er alles in Hülle und Fülle besitzt – Alkohol, Zucker, Tannin –, in etwa zehn Jahren Flaschenreife zu köstlicher Komplexität, Süße und Reichhaltigkeit entwickeln und sich danach noch jahrzehntelang weiter entfalten.

Tawny Port dagegen kommt erst in die Flasche, wenn er schon alt ist. Er bleibt jahrelang – manchmal jahrzehntelang – im Fass. Die Fassreife laugt das kräftige Purpurrot aus ihm heraus, so dass er viel matter, eher orangebraun, aussieht und Nuss-, Gewürz- und Holznuancen von manchmal bemerkenswerter Intensität offenbart, dabei aber oft trockener gerät als Vintage Port. Tawny Port ist meist eine Mischung aus vielen verschiedenen Jahrgängen, die ihren jeweiligen Charakter – Frische, Würze usw. – beitragen. Da Tawny Port nicht so voll und gerbstoffherb zu sein braucht wie Vintage Port, werden in Australien für ihn oft Traubensorten mit leichterer Art (zum Beispiel Grenache) verwendet.

Weitere Stile trifft man vor allem bei portugiesischem Portwein an. Hier ist Ruby ein junger, aus verschiedenen Jahrgängen gemischter Port, Late-Bottled Vintage stammt aus einem einzigen Jahrgang, hat aber ein paar Jahre länger im Fass gelegen als der eigentliche Vintage Port und ist dadurch runder und zugänglicher geworden. Portugiesischer «Colheita» (auch Tawny Vintage genannt) ist ebenfalls ein Jahrgangswein mit längerem Fassausbau, und White Port schließlich wird ähnlich bereitet wie Ruby, aber von weißen anstatt roten Trauben.

Muscat und Tokay

Zwei intensiv süße australische Weine der angereicherten Art, Liqueur Muscat und Liqueur Tokay, entstehen in schönster Üppigkeit vor allem in Rutherglen, im Nordosten von Victoria, und zwar in derselben Weise, jedoch von verschiedenen Traubensorten.

Der Muskateller (für den Muscat) und die Muscadelle (für den Tokay) werden hochreif gelesen – manchmal mit doppelt so viel Zucker wie bei Trauben für andere Weine. Die Alkoholanreicherung wird in einem frühen Stadium der Gärung vorgenommen, wenn im Wein noch sehr viel Restzucker enthalten ist.

Das üppig süße, starke Produkt wird in Fässer – oft in ein Solera-System – gefüllt und manchmal sehr lange sich selbst überlassen. Fertiger Muscat oder Tokay ist stets eine Mischung aus vielen Jahrgängen, wobei junger Wein frische Fruchtigkeit, Wein mittleren Alters Süße und Körper und sehr alter, oft hundertjähriger Wein Komplexität und Tiefe beiträgt.

Der Muscat zeigt meist mehr aromatische Fülle, Fruchtigkeit und Süße als der Tokay, der seinerseits manchmal eher an Toffee erinnert.

Serviertipps

Je trockener und jünger ein angereicherter Wein (etwa Fino Sherry oder Vintage Port) ist, desto rascher sollte man ihn nach dem Öffnen der Flasche verbrauchen, weil er wie anderer Wein an Frische einbüßt; zwei bis drei Tage kann man ihn höchstens offen stehen lassen. Je länger ein angereicherter Wein im Fass ausgebaut wurde (etwa ein Liqueur Muscat oder ein Oloroso Sherry) und sich dabei gewissermaßen an Sauerstoff gewöhnt hat, desto länger kann man ihn auch nach dem Öffnen aufbewahren, ohne dass er nachlässt.

Flasche

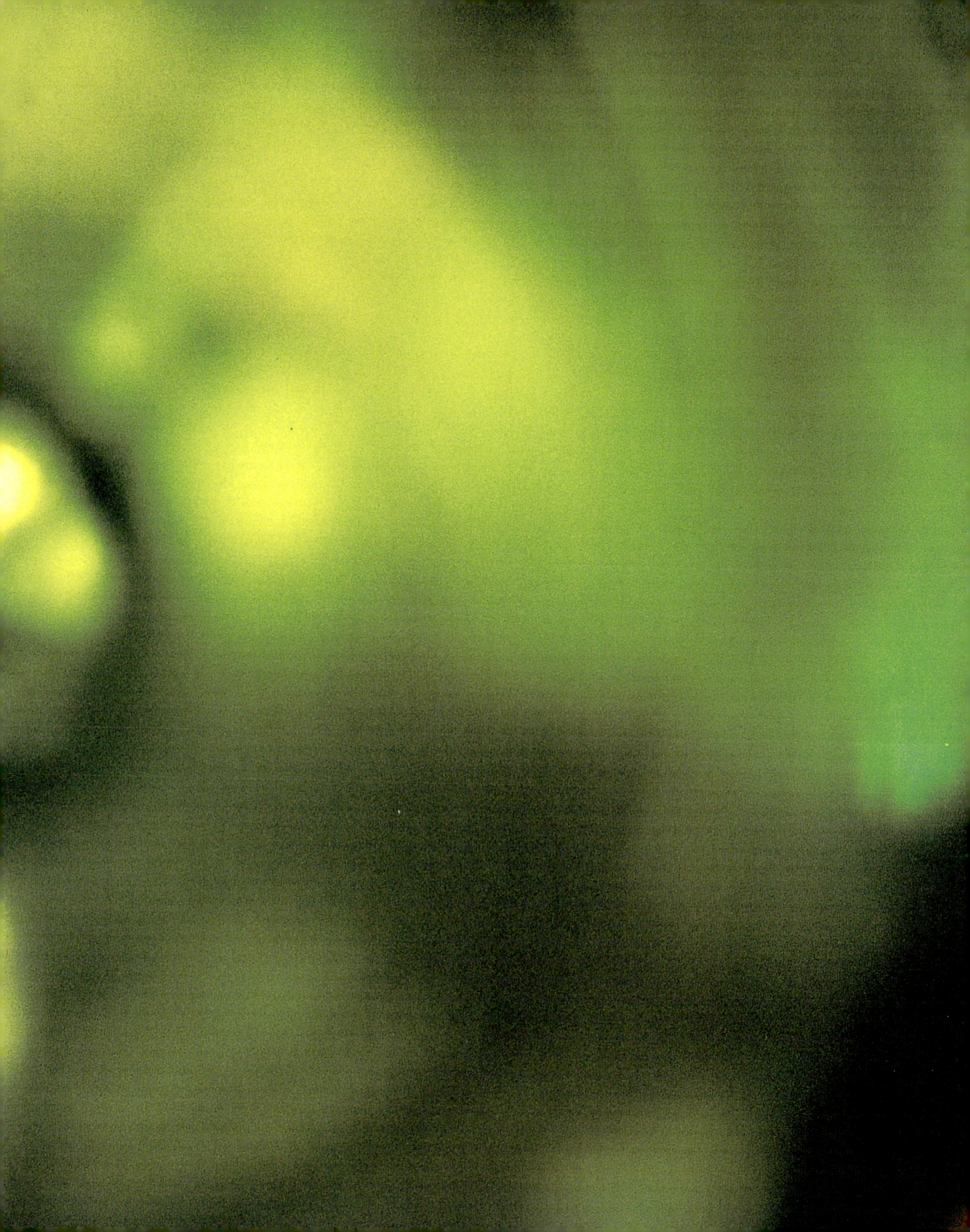

Der Genuss am Wein

Und jetzt kommt der beste Teil des Buchs – wie man nämlich mehr Genuss am Wein haben kann. Leute, die wie ich mit Wein ihr Geld verdienen, vergessen erstaunlich rasch, dass es eigentlich um das Genießen geht. Man hat so viel damit zu tun, die Namen der Rebsorten zu behalten, den Jahrgangscharakter herauszufinden, den Säuregehalt festzustellen – kurz gesagt, mit Wein zu arbeiten –, dass man an Genuss gar nicht mehr denkt. Das dürfte nicht passieren.

Die besten Weine sind diejenigen, die rasch verkauft und getrunken und mit Freude genossen werden – bis auf den letzten Tropfen. Weine, die in unerschwinglichen Höhen oder nur durch Auktionssäle schweben, immer höhere und höhere Preise erzielen, bis sie alt, verstaubt und vertrocknet sind, weil keiner mehr wagt, sie zu trinken, sind nur Platzverschwendung.

Schließlich ist der Weintrinker das wichtigste Glied in der Kette von der Sonnenschein trinkenden Rebe bis hin zum aus der Flasche gleitenden Korken. Und dem Weinverbraucher geht es wie jedem anderen auch. Man kann ganz ohne Vorkenntnisse herangehen, sich an das «Angebot des Monats» halten und mancherlei Enttäuschungen erleben – oder man kann sich mit einigem Verständnis für das wappnen, was man sucht, und dann auch das finden, woran man am meisten Freude hat.

Die folgenden Seiten sollen zu diesem Verständnis beitragen helfen – oder doch wenigstens dazu anregen, anderswo Erkenntnis zu suchen.

Nase

Wein degustieren

*Mit dem Degustieren –
anders als beim Trinken,
bis man voll ist –
geht es ähnlich wie beim
Radfahren.
Wenn man die Grundbegriffe
einmal intus hat,
kommt einem alles ganz
selbstverständlich vor.*

Wer erinnert sich nicht daran, wie er Fahrrad fahren gelernt hat! Da war man völlig unsicher, konnte das Gleichgewicht nicht halten und war überzeugt, dass man es nie in den Griff bekommen würde. Und schließlich bekam man es doch in den Griff, ganz einfach so, und dann kam es einem so vor, als hätte man seit eh und je Fahrrad fahren können.

Nun, mit dem Degustieren – anders als beim Trinken, bis man voll ist – geht es ähnlich wie beim Radfahren. Wenn man die Grundbegriffe einmal intus hat, kommt einem alles ganz selbstverständlich vor.

Das Ritual, zunächst die Farbe des Weins zu begutachten, dann an ihm zu riechen und schließlich ihn im Mund herumzuschwenken, nimmt sich ja vielleicht ziemlich dumm aus, wenn man aber gutes Geld für eine Flasche Wein ausgibt, dann ist man es sich schuldig zu versuchen, den höchstmöglichen Genuss daraus zu ziehen. Sich beim Probieren Zeit zu nehmen, kann da nur hilfreich sein.

In der Probierstube eines Weinguts oder auf einer Weinmesse kann das methodische Durchspielen dieser Routine sehr hilfreich sein, wenn man sich darüber klar werden will, ob man einen Wein nun wirklich mag oder nicht.

Die ersten paar Mal mag man sich, wenn man die folgenden vier Schritte des Degustierens ausprobiert, komisch vorkommen. Nach einer Weile jedoch merkt man, wie viel man gewinnt, wenn man die Sache so durchführt, und dann geht alles instinktiv. So instinktiv sogar, dass man gar nicht mehr merkt, dass man's tut.

Ob man nun einen Wein das erste Mal probiert, weil man ihn vielleicht kaufen möchte, oder ob man eine Flasche öffnet, die man schon jahrelang aufbewahrt hat, oder ob man einen Schluck aus der Flasche probiert, die man im Restaurant bestellt hat, das Prinzip ist immer dasselbe: Ein paar Sekunden Konzentration können echt zu größerem Genuss verhelfen.

Bevor es losgeht

Zuallererst braucht man gute Gläser. Das ideale Glas für die Weinprobe ist makellos klar, damit die Farbe des Weins nicht verfälscht wird; es muss einen Fuß haben, damit man es daran schwenken kann und die Wärme der Hand die Temperatur des Weins nicht beeinflusst; und der Kelch soll zum Rand hin nach innen zusammenlaufen, damit die so wichtigen Düfte des Weins zur Nase hin gelenkt werden.

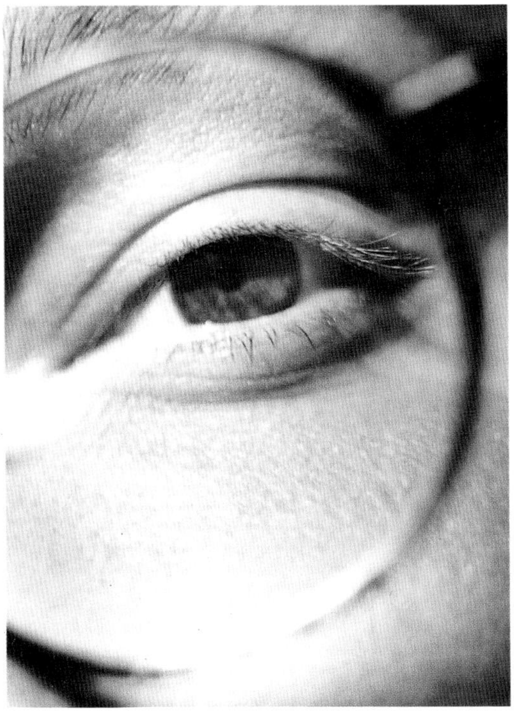

Es gibt ein international anerkanntes Degustierglas, das alle diese Kriterien erfüllt. Es ist aber nicht weiter schlimm, wenn man keines zur Hand hat. Wenn das Glas, aus dem man seinen Probeschluck nimmt, sich wenigstens zum Rand hin verjüngt, ist es schon weit besser als eine angeschlagene Kaffeetasse.

In einer idealen Welt ist die vollkommene Umgebung beim Weindegustieren friedlich und frei von Ablenkung. Der Raum sollte helles, indirektes Sonnenlicht und eine weiße Fläche bieten, vor der man die Farbe des Weins betrachten kann, frei von Gerüchen sein, die den Wein stören könnten, und neben konzentrationsförderlicher Stille sollte ein Eimer oder etwas Ähnliches zum Hineinspucken vorhanden sein.

Das hört sich aber mehr nach Laboratorium als nach Gemütlichkeit an, und wo gibt es schließlich eine ideale Welt? Da man solche Bedingungen nur selten vorfinden wird, muss man eben die tatsächliche Umgebung mit berücksichtigen.

Ein kritischer Blick

Jetzt hat man also ein Glas mit dem Wein vor sich stehen, den man probieren will. Es sollte höchstens zu einem Drittel gefüllt sein, und zwar aus zwei Gründen: Man soll das Glas von sich weg neigen können, damit man die Farbe des Weins betrachten kann, und dabei möchte man ja nicht gerade die Hälfte verschütten; außerdem will man den Wein kräftig schwenken können, und wenn das Glas voll ist, kann das eine feuchte Angelegenheit werden.

Zunächst betrachtet man also die Farbe (hierfür erweisen sich helles Licht und eine weiße Fläche als praktisch). Man hält das Glas am Fuß und neigt es von sich weg, bis der Wein fast den Rand erreicht.

Blickt man nun von oben auf den Wein, dann kann einem das, was man sieht, eine ganze Menge über ihn erzählen.

Ist er zum Beispiel klar? In der Regel ist Wein – gleich welcher Farbe – glanzklar, und das bedeutet wiederum in der Regel, dass er in guter Verfassung ist.

Als Nächstes betrachtet man die Farbe. Sie gibt Hinweise darauf, wie alt, wie füllig und vielleicht auch wie süß der Wein sein mag. Beispielsweise gilt bei Weißwein: Je heller die Farbe, desto leichter und jünger ist vermutlich der Wein. Bei Rotwein gilt: Je stärker purpurrot die Farbe, desto jünger ist vermutlich der Wein.

Ich sage «vermutlich», denn soviel die Farbe auch über einen Wein aussagen kann, bevor man noch an ihm schnuppert, sie kann auch trügen. Alte, im Eichenfass gereifte Weißweine, beispielsweise Chardonnay, können aussehen wie jüngere liebliche Weißweine, zum Beispiel Riesling Spätlese – beide erstrahlen in herrlichem Goldgelb. Und ein leicht aussehender, hell ziegelroter Pinot noir kann sich auf der Zunge als erstaunlich konzentriert, kräftig und alkoholstark erweisen.

Bei manchen Weinen kann man auch beobachten, dass nach dem Neigen oder Schwenken feine Tropfen an der Innenwand des Glases herablaufen. Diese so genannten «Tränen» (oder «Beine» oder gar «Kirchenfenster», je nachdem, in welcher Stimmung man sich befindet) sind ein Hinweis darauf, wie alkoholstark der Wein ist: Je zahlreichere und je dickere Tränen der Wein weint, desto mehr Alkohol enthält er. Bei manchen sehr starken Weinen, zum Beispiel bei alten Muskatellern, kann man die Innenwand des Glases mit einem langsam herabsinkenden Wasserfall von Tränen auskleiden.

Schwenken und Schnuppern

Jetzt geht's richtig los: Der nächste Schritt, nämlich ausgiebig am Wein zu schnuppern, ist der wichtigste.

Man hält das Glas am Fuß aufrecht und schwenkt es kräftig, so dass der Wein im Glas zu kreisen beginnt und fast über den Rand schwappt. Damit löst man die Oberflächenspannung der Flüssigkeit und lässt das Aroma aufsteigen.

Nun hört man auf zu schwenken, steckt die Nase ins Glas und nimmt einen tiefen, vollen Atemzug. Nach einer Pause des Nachdenkens über das, was man erschnuppert hat, schwenkt man das Glas erneut und riecht wieder daran. Das kann man so oft machen, wie man will, bevor man den ersten Schluck nimmt. Wirklich gute Weine duften so herrlich, dass man fast das Trinken vergisst.

Der Duft eines Weins, seine «Nase», kann so gut wie alles verraten, was man erfahren möchte. Die Nase gibt schon reichlich Hinweise auf die Rebsorte; manche, zum Beispiel Gewürztraminer, haben unverkennbaren Duft, während Mischungen von zwei oder mehr Sorten schon schwerer auszumachen sind.

Die Nase verrät auch, wie weit der Wein entwickelt ist: Lebhaft parfümierter, hefiger Geruch weist oft darauf hin, dass ein Wein noch nicht lange ausgegoren, also sehr jung ist. Die Nase vermittelt aber oft auch eine Vorstellung von der

Herkunft des Weins; beispielsweise hat Shiraz aus Central Victoria einen charakteristischen, an Eukalyptus und Minze erinnernden Duft.

Vor allem aber zeigt sich in der Nase schon die ganze komplexe Geschmacksfülle des Weins. Finden sich im Duft Eichenholz, schwarze Johannisbeeren und Gewürze, dann kann man ziemlich sicher sein, dass der Wein nach Eichenholz, schwarzen Johannisbeeren und Gewürzen schmeckt.

Man braucht nur einmal zu versuchen, Wein zu degustieren, wenn man erkältet ist oder Heuschnupfen oder einen Kater hat oder sonst etwas, das einem die Nase verstopft. Dann kann man genausogut Spülwasser trinken. Sicher schmeckt man noch, ob der Wein süß, bitter oder sauer schmeckt. Wenn man aber seine wesentlichen Geschmacksnuancen beschreiben will, also das, was beim Trinken erst den Spaß ausmacht, da kommt man zu nichts.

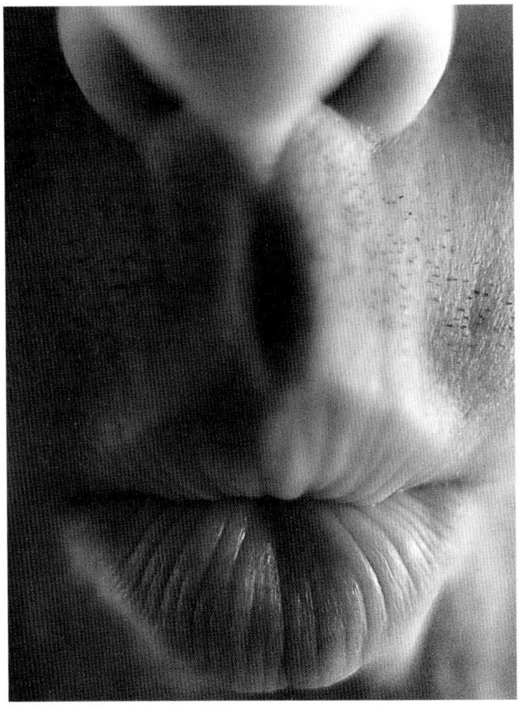

Deshalb braucht man eine freie Nase, bevor man an dem Wein schnuppert, der vor einem steht. Schließlich will man die so wichtigen Düfte hinauf bis zu den Nervenenden am Riechkolben ziehen, von wo aus sie zum Hirn weitergeleitet werden.

Abgesehen von den positiven Eindrücken, die man zu finden hofft, wenn man den Wein schwenkt und an ihm schnuppert, muss man freilich auch damit rechnen, dass weniger angenehme Gerüche auf einen warten. Viele Fehler im Wein, zum Beispiel einen Korkengeruch, nimmt die Nase wahr; deshalb gibt es ja auch im Restaurant das Ritual, an einem Wein zu riechen, bevor die Flasche ausgeschenkt wird.

Kauen und Schlürfen

Jetzt nimmt man einen kleinen Mund voll – nicht viel, gerade genug, um Zunge und Gaumen zu bespülen. Dann kaut man den Wein ein paar Sekunden, bewegt ihn im Mund herum und über die Geschmacksknospen in allen Winkeln. Und dann senkt man den Kopf ein wenig, spitzt die Lippen und schlürft Luft durch den Wein (die entsetzten Blicke der Umstehenden darf man billigend in Kauf nehmen), so dass sie die für Geruchsempfindungen zuständigen Nerven im Nasen- und Rachenraum bestreicht. Man riecht gewissermaßen nochmals an dem Wein, und zwar von innen her.

Jetzt schmeckt man den Wein am Gaumen wahrhaftig. Die Zunge spürt Süße und Säure – hier merkt man, ob der Wein trocken und frisch ist wie ein Sémillon ohne Restzucker oder lieblich wie ein edelsüßer Sémillon. Auch das Gefüge des Weins spürt man hier. Der edelsüße Sémillon beispielsweise hat ziemlich viel sanftes, samtiges Glyzerin, das die Zunge als üppig empfindet. Das Tannin eines körperreichen

Cabernet Sauvignon äußert sich als adstringierendes, trockenes, pelziges Gefühl an der Zungenkante und am Gaumen.

Und dann ist da ja auch noch der Alkohol. Das angenehme Gefühl, das der Alkohol vermittelt, ist nicht nur der Lohn dafür, dass man die ganze Prozedur auf sich genommen hat, Alkohol spielt auch eine wichtige Rolle für Geschmack und Gefüge eines Weins. Die Alkoholmenge bestimmt, wie voll ein Wein schmeckt: Die leichte Art eines jungen deutschen Rieslings ist zum Teil darauf zurückzuführen, dass sein Alkoholgehalt nur 10 % beträgt, und die volle, schwere Süße eines Vintage Port kommt zum Teil von seinen 20 % Alkohol.

Spucken oder Schlucken

Aber jetzt steht man da mit einem Mund voll Wein. Was soll damit geschehen? Da gibt es nur zwei Möglichkeiten: Spucken oder Schlucken.

Wenn man nur einen einzigen Wein probiert oder vielleicht auch zwei oder drei, dann kann man den Mund voll natürlich auch hinunterschlucken. Wenn man aber mehrere Weine degustiert – vielleicht im Keller eines Weinguts –, dann fährt einem das ziemlich schnell unerfreulich in die Beine, deshalb spuckt man besser. Beim Spucken gibt es nichts Besonderes zu beachten – höchstens dass man niemanden trifft (auch sich selbst nicht). Praktisch ist es, wenn etwas zum Hineinspucken da ist, dann braucht man nicht vor die Tür zu gehen.

Aber damit ist es noch nicht vorbei. Ob man spuckt oder schluckt, der Wein hinterlässt (hoffentlich) einen Nachgeschmack in Mund und Kehle. Das nennt man den «Abgang». Gute Weine haben einen anhaltenden Nachgeschmack, der minutenlang spürbar zu bleiben scheint und nicht verblasst. Bei nicht ganz so guten Weinen klingt er oft schon hinten an der Zunge ab und hinterlässt den Eindruck, man habe gar nichts getrunken.

Riechen und Schmecken lassen im Geist ein Bild des Weins entstehen. Bei einem guten Wein wird es ein vollkommenes, detailreiches, harmonisches, nachhaltiges Bild, das mit seiner Komplexität die Freude an dem Wein von Glas zu Glas wachsen lässt.

Und weil man ja wirklich ein vollständiges Bild von diesem Wein haben will, muss man die Prozedur wiederholen und wieder einen Mund voll nehmen. Und dann wieder einen, wieder einen und vielleicht noch einen …

WINE
COMMENTS
97
– very pale, watery
– zesty, citrus fruits and
– very crisp, zingy wine,
96
– pale straw

Begriffe

Worte und Wein

In dem Moment, wo man dies liest, ist irgendwo auf der Welt vielleicht irgendjemand dabei, in einem Weinkeller eine Fassprobe von jungem Pinot noir zu nehmen und seine Nuancen dem Einkäufer eines Supermarkts auseinander zu setzen oder einer Schar Lernbegieriger zu erläutern, weshalb der Wein im linken Glas anders schmeckt als der im rechten, oder in einem Weinladen die Besonderheiten des «Weins des Monats» einem Kunden aufzuzählen oder sich an der endlosen Vielfalt von Düften in einem Glas mit altem Shiraz zu begeistern und dies wortreich seinen Tischnachbarn mitzuteilen.

Über Wein zu sprechen und zu lesen ist nach dem Genießen das Nächstbeste.

Ich verdiene meine Brötchen damit, dass ich über Wein schreibe. Ich bringe sehr viel Zeit damit zu, mir Worte auszudenken, mit denen ich meinen Lesern flüchtige Eindrücke und subjektive Empfindungen mitteilen kann, in der Hoffnung, dass sie eine Vorstellung davon bekommen, wie ein bestimmter Wein sich trinkt.

Worte und Wein haben von Natur aus miteinander zu tun, und ein paar praktische Begriffe aus dem Ärmel zaubern zu können, ist hilfreich, wenn man – und sei es für sich selbst – beschreiben will, was man da schmeckt.

Eine ehrliche Reaktion auf Wein ist im Grund ganz einfach – nämlich mmhm, wenn man ihn mag, oder bähh, wenn man ihn nicht mag. Aber bald stellt man fest, dass das nicht reicht. Eines Tages merkt man nämlich, wenn man die Nase in ein Glas Wein steckt, dass er wahrhaftig nach schwarzen Johannisbeeren, Zedernholz und Tabak riecht – verflixt, diese Weinbuchautoren haben ja doch recht! Und dann versucht man, dem ersten Besten diese Nuancen auseinander zu setzen, und der sieht einen dann an, als ob man übergeschnappt wäre. Aber von jetzt an weiß man, dass es kein Zurück mehr gibt, dass man am Haken zappelt und dass man nicht mehr anders kann, als immer wieder tropische Frucht und Spuren von Toffee und Fassgärungscharakter in einem Wein nach dem anderen zu entdecken.

Deshalb folgt nun eine Aufzählung von Weinbegriffen und ihrer Bedeutung. Sie soll Hilfestellung leisten, wenn man auf Etiketten Begriffe findet, die wichtig erscheinen, mit denen man aber nichts anfangen kann. Vielleicht finden sich darin aber auch Worte, die zum Ausdruck bringen, was man selbst schon bei bestimmten Weinen oder Stilen gedacht hat. Auswendig zu lernen braucht man sie jedoch nicht. Um Wein zu genießen, braucht man keine Prüfung abzulegen.

Es sind zum Teil Fachbegriffe, die vielleicht Licht auf dunkle Seiten des Weins werfen, und Degustierbegriffe, die ich selbst gern gebrauche, um Wein in der Vorstellungskraft anderer lebendig werden zu lassen.

Freilich kann man sie auch alle vergessen, sich auf Kommentare wie «guter Wein» und «schlechter Wein» beschränken und den Fachjargon meiden wie die Pest. Es kann aber auch anders kommen. Wer nicht aufpasst, endet als Fachjargon-Fan und schwelgt schließlich in «biologischem Säureabbau» und «nusswürziger Autolyse» und «zu viel flüchtiger Säure».

Weinworte

(und was sie bedeuten)

Abgang Ein Wein hat «langen Abgang», wenn sein Geschmack sekundenlang bis weit hinten im Hals anzuhalten scheint. Den Gegensatz dazu bildet natürlich der kurze Abgang, an dem man bei weitem nicht so viel Genuss verspürt.

aggressiv Bezeichnung für einen Wein, dessen Säure sich anspürt, als ob einem jemand mit spitzen Absätzen auf der Zunge herumstolziert, oder dessen Tannin wie mit dem Vorschlaghammer auf den Gaumen losdrischt.

Aldehyd Eine chemische Verbindung mit nussähnlichem Geruch, die bei kontrollierter Berührung von Most oder Wein mit Sauerstoff entsteht. Der Begriff taucht oft in Zusammenhang mit Schaumwein oder alkoholangereichertem Wein auf.

Alkohol Ohne ihn wäre Wein nur besserer Traubensaft. Alkohol ist zwar Gift, kann aber, mäßig genossen, etwas Wunderbares sein. Unmäßigkeit dagegen verursacht Kopfweh und Schlimmeres.

Aperitif Das Getränk, das man trinkt, bevor man etwas zu trinken bekommt. Ein guter Aperitif wie Sekt oder trockener Sherry regt den Appetit auf mehr an.

Appellation Geographisch definierte Weinbauregion. In Frankreich, woher der Begriff stammt, bestimmt das System der *appellations contrôlées,* welche Rebsorten wo angebaut und wie die Weine bereitet werden dürfen. In Australien wird ein lockerer gehandhabtes, nur mit den Grenzen der Weinbauregionen befasstes System entwickelt (auf der einen Straßenseite Barossa Valley – auf der anderen Eden Valley.)

aromatisch Ein Allerweltsausdruck, der sich auf Weine mit kräftigem positivem Aroma bezieht, z. B. auf den auffallenden sortentypischen Duft von Sauvignon blanc.

ausgeprägt Manchmal erscheinen die zarten oder würzigen oder duftigen Aromen eines Weins wie von unsichtbarer Hand aus dem Glas hervorgehoben. Oft ist das die Wirkung der flüchtigen Säure in ihrer verhaltenen, wohltätigen Form, durch die eine pikante Note in das Aroma kommt.

ausgewogen Geht es im Leben nicht stets um Gleichgewicht? Wein gehört zum Leben. Im Gleichgewicht befindet er sich, wenn alle seine Elemente – Frucht, Tannin, Säure, Nachhaltigkeit – sich in nahtloser Harmonie befinden.

Autolyse Sobald die Hefezellen bei der Flaschengärung von Sekt ihre Pflicht getan haben, sterben sie ab, sinken zu Boden und beginnen sich aufzulösen bzw. zu zersetzen. Nach achtzehn Monaten geben sie an den Wein einen besonderen brotartigen Geschmack ab, der sich umso stärker bemerkbar macht, je länger der Wein auf dem Hefesatz ruht.

Baumé Eine vor allem in Frankreich gebräuchliche Maßeinheit für den Zuckergehalt von Trauben und damit für den potentiellen Alkoholgehalt des aus ihnen gewonnenen Weins. Baumé hat gegenüber anderen Maßeinheiten (Öchsle, Brix) den Vorteil, dem Alkoholgehalt direkter zu entsprechen: 12° Baumé sind ungefähr 12 % Alkohol.

Blanc de blancs Wörtlich: Weißwein von weißen Trauben, entgegen *blanc de noirs*: Weißwein von dunklen Trauben. Meist im Zusammenhang mit Schaumwein gebraucht.

blumig Buchstäblich nach Blumen duftend.

Botrytis cinerea Ein Schimmelpilz, der in kühlem, feuchtem Klima die Trauben befällt. Bekannt auch als «Edelfäule», die geeigneten Traubensorten wie Sémillon oder Riesling Wasser entzieht, wodurch Zucker und Säure in den Beeren stark konzentriert werden, während zugleich der Glyzeringehalt zunimmt (das schafft ein üppiges Gefühl auf der Zunge) und der so entstehende intensiv süße Wein eine viel gepriesene besondere Note erlangt.

brandig Weine von überreifen Trauben aus warmem Klima nehmen manchmal einen scharfen, alkoholischen Nachgeschmack an. Die Frucht solcher Weine schmeckt dann oft marmeladenähnlich.

butterig Manche Techniken der Weinbereitung – z. B. die malolaktische Säureumwandlung und Hefesatzlagerung – bringen in fassgereiftem Weißwein wie Chardonnay volle, cremig-butterige Duft- und Geschmacksnoten hervor.

Chaptalisation Die in Europa zugelassene Anreicherung des Mosts mit Zucker, um den Alkoholgehalt des Weins zu erhöhen, ist in Australien nicht gestattet, dafür aber die Beimischung von Traubenmostkonzentrat zur Erzielung desselben Resultats.

dekantieren Umfüllen von Wein aus der Flasche in ein anderes Gefäß, meist um ihn von einem Bodensatz zu trennen und ihn «atmen» zu lassen. Der Bodensatz besteht gewöhnlich aus Gerb- und Farbstoffpartikeln, die nach einiger Zeit nicht mehr im Wein gelöst bleiben (Rotwein), sowie aus Weinsteinkristallen (in Rot- und Weißwein). Das Atmen lässt Flaschengeruch oder Schalheit, die sich im Lauf der Zeit gebildet haben könnten, verschwinden und macht den Wein etwas lebendiger.

duftig Ein Wein mit ausgeprägten, manchmal ätherischen, leichten, zarten Aromen.

dünn Gegensatz zu fett und kaum je etwas Gutes. Dünne, also nichts sagende Weine erscheinen hohl und mager und entstehen meistens bei zu hohen Erträgen und unsorgfältiger Weinbereitung.

erdig Unter diesen Begriff fällt ein ganzes Spektrum von Aromen. Italienische Rotweine sowie ältere Rotweine aus verschiedenen Gegenden vermitteln oft den Eindruck, als wäre nasser Ton, Waldboden oder Erde in die Flasche geraten. Das Gute daran ist, dass diese Erdnoten höchst angenehm wirken.

extraktreich Meist Rotwein, der viel aus den Schalen stammende Extraktstoffe, z. B. Gerbstoff, enthält, so dass er sich im Mund dick und voll anfühlt.

Fass Behälter für die Lagerung und den Ausbau von Wein, fast immer aus Eichenholz. Fässer gibt es in den verschiedensten Größen; am bekanntesten ist die *barrique* mit 225 l Inhalt. Verschiedene Fasstypen verleihen dem in ihnen ausgebauten Wein verschiedenen Geschmack. Neue Fässer geben einen stärkeren Eichenholzton ab als alte, und kleinere Fässer vermitteln mehr Eichenholzcharakter als größere. Amerikanische Eiche gibt auffälligeren Geschmack ab als französische.

Fehler Hierüber könnte man ein eigenes Kapitel schreiben. Gelegentlich läuft auch beim Wein etwas schief, und das kann irgendwann zwischen der Weinlese und dem Öffnen der Flasche passieren – ob es sich um vermeidbare Dinge wie eine vom Kellermeister gegebene Überdosis Schwefeldioxid oder um Unvermeidliches wie einen schlechten Korken handelt. Wer einen der nachstehenden Fehler in einer Flasche Wein vorfindet, hat ohne weiteres das Recht, sie zurückzugeben.

Fehler 1: Trübung Bei Weinen, die auf dem Etikett als «ungefiltert» gekennzeichnet sind, ist eine Trübung durchaus in Ordnung; bei anderen aber, die eigentlich glanzklar sein sollten, z. B. bei jungem Riesling, deutet sie auf Bakterienbefall hin.

Fehler 2: falsche Farbe Braun ist beim Wein die Farbe des Alters; bemerkt man also z. B. bei einem jungen Riesling, der eigentlich glanzhell mit grünlichem Schimmer sein sollte, dass er matt ockerbräunlich aussieht, dann bedeutet das vermutlich, dass der Wein oxidiert ist (er hat Sauerstoff abbekommen und ist auf dem besten Weg, Essig zu werden). Und weil wir gerade vom Aussehen reden, soll erwähnt werden, dass glasklare Kristalle in älterem Weißwein und dunkle Partikel in älterem Rotwein *keine* Fehler darstellen, sondern altersbedingte natürliche Ablagerungen sind.

Fehler 3: Aldehydgeruch Sofern man nicht gerade an einem Wein riecht, der einen Aldehydgeruch haben *soll* (z. B. manche alkoholangereicherte Weine), dann ist diese Note meist unerwünscht und deutet darauf hin, dass der Wein oxidiert ist. Wenn also der bereits erwähnte junge Riesling wie ein trockener Sherry riecht, dann ist das definitiv ein Fehler.

Fehler 4: faule Eier Dieser besonders aufdringliche Geruch deutet auf bei der Gärung gebildeten Schwefelwasserstoff hin. Es ist zwar leicht etwas dagegen zu tun, manchmal aber gerät er doch in die Flasche. Mit der Zeit kann er sich in Mercaptane verwandeln, die nach verbranntem Gummi oder gekochtem Gemüse riechen. Nicht zu verwechseln mit einem Zuviel an Schwefeldioxid, das nach abgebrannten Streichhölzern riecht und ebenfalls ein Fehler sein kann.

Fehler 5: Geruch nach Essig oder Lösungsmittel Schuld ist zu viel flüchtige Säure bzw. Ethylazetat. Die flüchtigen Säuren (z. B. die Essigsäure) sind für den Geruchssinn wahrnehmbar. Ethylazetat bildet sich, wenn Essigsäure mit Alkohol zusammenkommt. Eine Spur flüchtige Säure kann Komplexität und Aroma eines Weins erhöhen, zu viel lässt ihn nach Farbverdünner riechen.

Fehler 6: Moder- oder Schimmelgeruch Gelegentlich ein Zeichen dafür, dass der Wein in unsauberen alten Fässern gelagert war, meist aber ist die Ursache im Urahn aller Weinfehler, einem schlechten Korken, zu suchen. Es ist schon ein kurioser Gedanke, eine Flasche Wein, die vielleicht ein kleines Vermögen kostet, mit einem Stück Baumrinde zuzustöpseln, das übrigens von der in Portugal heimischen Korkeiche stammt. Obwohl es erhitzt und sterilisiert wird, ist es doch voll winziger Poren und deshalb allen möglichen Beeinträchtigungen ausgesetzt – sogar durch das Sterilisierbad selbst! Ein schlechter Korken kann sich als höchst unangenehmer, schimmeliger Geruch und Geschmack bemerkbar machen; ist der Einfluss aber nur sehr schwach, dann erscheint der Wein lediglich matt und schal. Schätzungsweise tritt Korkengeschmack bei etwa 2 bis 12 % aller Flaschenweine auf. Viele Erzeuger experimentieren deshalb mit neuen Flaschenverschlüssen: synthetischen Korken, Kunststoffverschlüssen, ja Kronenkorken wie auf Bierflaschen.

Alle diese Fehler sind leicht zu erkennen, wenn sie massiv auftreten. Das tun sie aber selten, und verschiedene Menschen sind unterschiedlich empfindlich für sie. Bei mir zum Beispiel muss ein Wein schon einen richtigen Essigstich haben, um mich zu schrecken, während mein Tischnachbar vielleicht schon beim geringsten Anzeichen die Nase verzieht. Dagegen rieche ich einen schlechten Korken schon auf hundert Schritt, während andere die Flasche mit Genuss leeren. Was dem einen als kleiner Fehler erscheint, gilt dem anderen als Charakterzug.

fest Solide, straff, massiv, robust – eine gefälligere Version von karg.

fett Ein Ausdruck für übermäßige Vollmundigkeit, die wie ein Kloß im Hals wirken kann. Nicht unbedingt eine gute Sache, vielmehr ein Zeichen dafür, dass der Wein zu wenig Säure hat und deshalb unausgewogen ist.

Flaschenreife Ruht Wein eine Reihe von Jahren in der Flasche, entfaltet er einen ganz anderen Charakter als die frische, fruchtige Art in der Jugend. Die meisten Weine riechen und schmecken nach langer Flaschenlagerung einfach nur alt. Manche aber entwickeln schönste Komplexität: guter trockener Riesling beispielsweise entfaltet ein toastwürziges und manchmal bizarres, an Benzin erinnerndes Aroma, und guter alter Cabernet lässt oft an Zedernholz oder Zigarrenkisten denken.

fleischig Ein positiverer Ausdruck als fett: ein Wein mit viel spürbarer Frucht.

fruchtig Buchstäblich stark nach Früchten duftend. Aber nach welchen? Mit manchen Rebsorten werden ganz bestimmte Fruchtaromen verbunden – Litschi und Gewürztraminer, schwarze Johannisbeeren und Cabernet Sauvignon. Manche Weine, insbesondere Mischungen mehrerer Rebsorten, riechen nur ganz allgemein nach «roter Frucht» oder «Zitrusfrüchten».

frühreif Ein Wein, der vor der Zeit alt wird.

Gärung Ein heftiger, tumultartiger, überschäumender Prozess, in dessen Verlauf Zucker durch Hefen in Alkohol, Kohlendioxid und Wärme umgewandelt wird.

Geläger Der Satz aus toten Hefezellen, Fruchtmarkpartikeln, Kernen und Resten von Schalen und Stielen, der sich am Tank- oder Fassboden ansammelt; auch der Bodensatz in einer Schaumweinflasche nach der Zweitgärung.

Hefe Es gibt Mikro-Organismen verschiedenster Art. Amöben beispielsweise machen nicht viel Freude – Hefen dagegen sehr viel. Hefen sind der Schlüssel zum berauschenden Geheimnis des Zuckers im Traubensaft – sie verwandeln, aus der Luft oder aus der Hand des Kellermeisters kommend, den Traubenzucker in Alkohol, Kohlendioxid und Wärme. Ohne Hefen wäre Wein bei weitem nicht so reizvoll.

Holzton Ein umfassender Begriff für alle möglichen Noten, vom vanilleähnlichen Duft neuer Eichenfässer bis hin zum Zedernholzduft eines alten Cabernet, aber auch für Gerüche von Holzkohle, Gewürzen, Staub und selbst Moder von alten Fässern.

honigwürzig Ein Honigduft kommt häufig bei älteren Weißweinen, vor allem bei fassgereiften trocknen Chardonnays, sowie bei edelsüßen Weinen vor.

karg Ein zurückhaltend hart und verschlossen wirkender Wein, der gewissermaßen seine durchaus vorhandenen Geschmacksnuancen nicht hergeben will.

Kohlendioxid Dieses Nebenprodukt der Gärung entweicht normalerweise in die Umgebungsluft; nur bei der Schaumweinbereitung wird es absichtlich in der Flasche festgehalten.

Kohlensäure-maischung Diese vor allem bei der Gamay-Traube in Beaujolais angewandte Methode lässt die Gärung im Inneren der unverletzten Beeren einsetzen, wodurch fruchtiger, purpurroter, jung trinkreifer Wein entsteht.

komplex Man riecht an einem Wein und entdeckt Brombeeren. Man riecht noch einmal und entdeckt Kirschen. Noch einmal, und es ist feuchte Erde, eine Spur frisch gemahlener Pfeffer. Man nimmt einen Schluck, und der Wein scheint den Mund wie mit einem Korb voll dunkler Früchte zu füllen, die einander auf der Zunge in Geschmackskaskaden ablösen. Das ist kein Traum, sondern ein komplexer Wein.

konzentriert Die Geschmacksfülle des Weins scheint sich in der Gaumenmitte zu versammeln. Man findet dies oft bei Weinen von ertragsschwachen oder alten Reben.

Korbpresse Ein aufrecht stehender Zylinder aus von Metallreifen zusammengehaltenen Holzlatten um eine in der Mitte angeordnete Schraubspindel. Wenn Rotweinmost vergoren und von den Schalen abgelaufen ist, werden diese in den Zylinder geschaufelt und mit Bohlen zugedeckt. Letztere werden sodann mit Hilfe der Spindel nach unten gedrückt, so dass die noch in den Schalen enthaltene farbstoff- und gerbstoffreiche Flüssigkeit ausgepresst wird. Je nach der angestrebten Art wird dieser Presswein dem vorher abgelaufenen Wein beigemischt oder getrennt von ihm gehalten.

körperreich Ein vollmundiger, am Gaumen kräftig erscheinender Wein – mittelschwere und leichte Weine dagegen wirken weniger imposant.

kräuterhaft Es gibt zwei Hauptgründe dafür, dass ein Wein nach Gras oder Kräutern riecht. Es ist entweder seine Art – wie beim Sauvignon blanc –, oder aber die Trauben waren nicht richtig reif – wie es bei Rotweinen aus sehr kühlem Klima vorkommt.

kreidig Stahlig, Feuersteinnote. Oft werden Worte dieser Art bemüht, um mineralische Noten in manchen, insbesondere sehr trockenen Weißweinen zu beschreiben. Vielleicht ist der Versuch, solche Nuancen mit dem Mineralgehalt des Bodens, auf dem die Reben wachsen, direkt zu verknüpfen, zwar allzu gewagt – aber er wird oft unternommen.

malolaktische Säureumwandlung Ein Vorgang, bei dem die in frisch vergorenem Wein enthaltene harte Apfelsäure unter der Einwirkung von Bakterien in die viel sanftere Milchsäure umgewandelt wird. Er kann spontan ablaufen, wird aber oft absichtlich eingeleitet.

Mehltau und sonstige Krankheiten Die Weinrebe ist einer Reihe von Krankheiten ausgesetzt. Die häufigsten sind der Echte und der Falsche Mehltau, die den Weinstock befallen, und die Graufäule, die die Trauben angreift. Sie treten bei feuchtem Wetter auf und können sich auf Gesundheit und Ertrag der Reben schädlich auswirken.

Most Die beim Keltern zunächst entstehende Masse aus Saft, Fruchtmark und Schalen nennt sich vor dem Vergären «Most».

mousse Beim Schaumwein dasselbe wie die Blume beim Bier. Bei einem guten Sekt soll die Schaumkrone so lange im Glas erhalten bleiben, bis es leer getrunken ist, und die Perlen, die sie bilden, sollen möglichst fein sein.

nusswürzig Ob aus dem Fassausbau wie beim Chardonnay oder aus dem Rebsortencharakter wie beim Pinot gris, das Aroma von Nüssen – Haselnüssen, Paranüssen, Mandeln und so fort – taucht oft unvermutet in Weißweinen auf.

ölig Eine sehr seltene Sache, man braucht sich also nicht weiter darum zu kümmern. Gelegentlich aber können Weißweine – vor allem von Viognier oder Marsanne – eine echt glitschige, ölige, dabei aber durchaus nicht unangenehme Art aufweisen.

Oxidation Wenn man einen Apfel oder eine Aubergine aufschneidet, kann man zuschauen, wie die Schnittfläche braun wird. Das liegt an der Wirkung des Sauerstoffs auf die chemischen Bestandteile der Frucht. Beim Wein tritt diese Wirkung ebenfalls ein; er oxidiert allmählich, wird braun und «firn» und schließlich zu Essig. Unter genau geregelten Umständen, z. B. bei der Sherry-Produktion, kann Oxidation jedoch größere Komplexität bewirken.

pikant Einen mehr als nur aromatischen Eindruck machen manche Weine, im guten wie im weniger guten Sinn. Pikant wirkt beispielsweise guter Gewürztraminer oder Sauvignon blanc.

rancio Der Ausdruck bezieht sich auf den durchaus angenehmen Duft von gerösteten Nüssen und Bitterkaramell in sehr alten alkoholangereicherten Weinen.

rau Unsubtiler, etwas grob schmeckender Wein wird als rau bezeichnet – ein wenig zu gerbstoffherb und zu säurereich. «Unausgewogen» wäre vielleicht korrekter, «rustikal» diplomatischer.

rauchig Manche Weißweinrebsorten, z. B. Gewürztraminer und Pinot gris, können Wein mit einem schwach rauchigen Duft hervorbringen; manchmal verleihen Fässer dem in ihnen gelagerten Wein ein eher scharfes Holzkohlenaroma.

Reblaus Dieser winzige, unglaublich schwer auszurottende Schädling labt sich an den Wurzeln der Weinrebe so ausgiebig, dass diese immer weniger Frucht trägt und schließlich eingeht. Die Reblaus überzog gegen Ende des 19. Jahrhunderts Europa und weite Teile Australiens und vernichtete die Weinberge. Dann wurde entdeckt, dass amerikanische Reben gegen die Reblaus immun sind, und deshalb sind die meisten Weinberge in reblausgefährdeten Gegenden (d. h. fast überall in der Welt) mit Reben besetzt, die auf Wurzelstöcke von Amerikanerreben aufgepfropft sind. Die Reblaus ist aber immer noch da, und daher sind ungepfropfte Reben außer auf Sandboden, der der Reblaus nicht behagt, nach wie vor in Gefahr.

Reserve Der eigentlich für Wein mit längerer Lagerzeit bestimmte Ausdruck wird in Australien als Bezeichnung für überdurchschnittliche Qualität benutzt. Echte (aus früheren Jahren aufbewahrte) Reserve-Weine sind als Mischungsbestandteile in der Schaumweinproduktion von Bedeutung.

samtig Nahtlos ausgewogener Wein mit weichem, geschmeidigen Gefüge. Ein oft auf guten Pinot noir angewandter Begriff.

sanft Geschmeidig, glatt, elegant, ausgewogen, reif, zugänglich – auf so viel verschiedene Arten kann man «köstlich» sagen.

sauber Einfach ein fehlerfreier, schmackhafter, gefälliger Wein. Manchmal ist darunter ein zwar technisch korrekter, aber nicht besonders interessanter Wein zu verstehen.

Säure Die sauren Bestandteile in Trauben und Wein (vor allem die Weinsäure) sind für Struktur und Ausgewogenheit wichtig und tragen zu Frische, Lebendigkeit und Haltbarkeit bei.

säurereich Knackig, frisch, lebendig, saftig, pikant, spritzig, prickelnd zitronen- und zitrusfruchtig – all dies sind gute Umschreibungen für einen positiven Beitrag der Säure zur Eigenart eines Weins. Dagegen bezeichnet man einen Wein mit zu viel oder unausgewogener Säure als scharf, hart und sauer.

Schönen und Filtern Jeder mag kristallklaren, funkelnden Wein. Das wird durch Abstechen (Abpumpen vom Bodensatz) und Absetzen erreicht, aber es bleibt ein gewisses Risiko, dass

Bakterien, ja sogar Hefen, in die Flasche gelangen, den Wein trüben und allerlei Probleme verursachen. Deshalb werden die meisten Weine geschönt und gefiltert. Das Schönen geschieht dadurch, dass man ein geeignetes Mittel, z. B. Eiweiß (traditionell) oder Bentonit (moderner), auf die Oberfläche gießt, das dann beim Niedersinken die winzigen Trubstoffe mit nach unten nimmt und den Wein dadurch klärt. Beim Filtern wird der Wein durch einen sehr feinen Filter gegeben. Puristen behaupten, dass der Wein bei diesen Behandlungen seinen Geschmack und Charakter zum Teil einbüßt, deshalb verzichten sie auf Schönen und Filtern und geben der Komplexität den Vorzug vor der Stabilität.

Schwefel Schwefel wird in der Weinbereitung als Mittel zur Verhütung von Oxidation schon seit Tausenden von Jahren verwendet. Früher wurden in Fässern Schwefelkerzen angezündet, damit sich auf den Wänden eine Schicht von Schwefeldioxid bildete. Heute wird Schwefeldioxid dem Wein in Pulverform beigemischt. Kupfersulfat, ebenfalls eine Schwefelverbindung, wird als so genannte Bordeaux-Brühe im Weinberg gegen Mehltau gespritzt.

Schwund Wein neigt bei der Lagerung zum Verdunsten, wenn er nur irgendwie Gelegenheit dazu findet. Er entschwindet durch die Ritzen und locker sitzenden Spunde der Fässer, er leckt an einem in der Flasche locker sitzenden, geschrumpften Korken vorüber. Der im Fass oder in der Flasche entstehende leere Raum wird als Schwund bezeichnet. Fässer können ebenso wie kostbare alte Flaschen mit einem jüngeren Jahrgang desselben Weins wieder aufgefüllt werden. Bei den meisten Flaschen geschieht dies jedoch jahrelang nicht. Ist der Flüssigkeitsspiegel bis unterhalb der Flaschenschulter gefallen, dann besteht für den Inhalt Oxidationsgefahr. Geringfügiger Schwund jedoch ist nicht unbedingt schädlich.

sortenrein Ein Wein, der nur von einer einzigen Rebsorte gekeltert ist, wird als sortenrein bezeichnet. «Sortentypisch» ist ein Degustationsbegriff für einen Wein, der in Duft und Geschmack die typische Eigenart der Rebsorte erkennen lässt – z. B. schwarze Johannisbeeren bei Cabernet oder Pfeffer bei Shiraz.

spritzig Ein feines Prickeln auf der Zunge gibt zu erkennen, dass der Wein beim Abfüllen noch etwas Kohlensäure enthielt.

staubig Das Tannin junger Rotweine macht an der Zungenkante und am Zungenrücken einen eigentümlich trockenen, staubigen Eindruck.

Stiele Eine geringfügig bittere Note, die dann entsteht, wenn ein Teil der Traubenstiele mitvergoren wird, kann zur Komplexität des Weins beitragen. Zu viel verleiht dem Wein jedoch grünen, unreifen Geschmack.

Tannin Wenn man Tee ziehen lässt, bis er abgekühlt und fast schwarz ist, dann schmeckt er ziemlich scheußlich, und vor allem zieht er den Mund schrecklich zusammen.

Dieses pelzige, adstringierende Gefühl wird von den Tanninen, den Gerbstoffen im Tee, hervorgerufen – dieselben Tannine befinden sich auch in den Schalen und Stielen der Trauben. Rotwein ist oft tanninreich, wenn er von dickschaligen Trauben stammt oder wenn er eine lange Maischzeit bzw. während der Gärung Kontakt mit Stielen hatte. Auch aus Eichenfässern gehen Tannine in die darin gelagerten Weine über.

Terroir Für die Franzosen ist dieser traditionsreiche Begriff sakrosankt; er bezieht sich auf das einzigartige Zusammenwirken von Boden, Hangneigung, Sonneneinstrahlung usw. in einer Weinberglage, das sich im Geschmack des Weins widerspiegelt. Die Weinerzeuger der Neuen Welt tun sich noch immer schwer mit dieser Konzeption.

traubig Eine Selbstverständlichkeit, nicht wahr? Aber nur wenige Weine riechen wirklich nach Trauben; lediglich Muskateller machen eine Ausnahme.

überextrahiert Ein Rotwein, der etwas zu viel Farb- und Gerbstoffe abbekommen hat und dadurch unausgewogen wirkt.

verschlossen Es kommt vor, dass ein Wein, dessen Geschmack man gut zu kennen glaubt, plötzlich, wenn man eine Flasche öffnet, nur noch ein Schatten seiner selbst zu sein scheint. Er hat sich vermutlich verschlossen, durchläuft ein Zwischenstadium seiner Entfaltung und hat sich in sich selbst zurückgezogen. Niemand weiß, warum das so ist, aber es geschieht oft. Der Gegensatz hierzu ist aufgeschlossen: ein Wein, der freizügig mit allen seinen Nuancen prahlt.

vollmundig Wein mit großer Viskosität sowie viel fleischiger Substanz und Frucht.

Weinbau Der Anbau der Weinrebe *Vitis vinifera*.

weinig Wie bei dem Wort «traubig» sollte man doch meinen, dass auch dieser Begriff bei Degustationen häufig vorkommen müsste. Seltsamerweise ist das aber nicht so.

wildartig Ähnlich wie erdige Noten; sie erinnern an Wild, Leder, Fleisch und treten oft in älteren Rotweinen auf.

würzig Wie rauchiges Aroma kann auch würziger Charakter von der Rebsorte – z. B. Pfefferigkeit von Shiraz – oder vom Fass stammen – z. B. Nelken und Anis aus französischer Eiche.

Geld

Wein einkaufen

Läden

Ich habe lange darüber nachgedacht, aber ehrlich, ich komme auf nichts, womit ich meine Zeit vergnüglicher verschwenden könnte als mit Weinkaufen.

Ich kann Stunden in einem Musikladen und einen ganzen Morgen in einem Buchladen zubringen, aber in einem guten Weinladen kann ich mich tagelang aufhalten.

In einem Raum herumzustöbern, der bis an die Decke mit feinem Wein vollgestopft ist, nimmt mich völlig gefangen. So eine Menge Flaschen – ein Korkenzieher könnte sie mir alle erschließen (allerdings gilt es zuerst einiges hinzublättern).

Mein Lieblingsweinladen ist mit öffentlichen Verkehrsmitteln gut zu erreichen, bietet gute Parkmöglichkeiten und, das ist das Beste, liegt auch zu Fuß nicht allzu weit von meinem Haus entfernt. Er ist geräumig, verführerisch beleuchtet und präsentiert das Angebot so, dass man Lust zum Stöbern bekommt: Da gibt es viele Regale und Fächer, in denen die Flaschen nicht etwa stehen, sondern liegen, und sogar einen Keller für die ganz kostbaren Flaschen. Der Laden hat eine Klimaanlage und große Lagermöglichkeiten mit Temperatur- und Feuchtigkeitsregelung (alles das ist wichtig, damit der Wein in möglichst guter Verfassung bleibt).

Das Personal ist kenntnisreich, freundlich und versteht es, über Wein Auskunft zu geben – und inzwischen weiß man auch Bescheid über meine Vorlieben und kann mir Wein empfehlen, der mir schmeckt. Die Inhaber geben sich viel Mühe, interessante, auch weniger bekannte Weine, die ihren Preis wert sind, aufzutreiben und einen zuverlässigen Kreis von Lieferanten zu unterhalten. In einem hellen, luftigen Raum über dem Laden halten sie regelmäßig Weinproben ab, verwenden dabei gute Gläser und laden dazu Winzer ein, die ihre Weine präsentieren. Regelmäßig erhalten die Kunden Informationsschreiben und Weinpreislisten, es werden viele Dienstleistungen angeboten: Lieferung frei Haus, Vermietung von Gläsern, Sonderangebote, Kisten mit gemischtem Inhalt …

Leider gibt es diesen Laden nicht wirklich. Eher findet man einen mit gutem Personal, aber schlechter Lagerung, oder mit schöner Präsentation, aber schlechter Bedienung, oder einen guten Laden, der schlecht zu erreichen ist, oder einen, wo es zwar Weinproben gibt, aber in Plastikbechern.

Es heißt halt suchen, bis man einen Weinladen findet, der möglichst viele gute Eigenschaften bietet – und wer einen findet, sollte es weitersagen. Ein solcher Laden ist vielleicht nicht so billig wie die Getränkeabteilung im Supermarkt, aber er macht sicher mehr Spaß. Und ich glaube, dass es sich lohnt, für kleine Extras ein klein wenig mehr zu bezahlen.

Die wichtigste Rolle beim Weinkauf spielen wir Kunden. Wir entscheiden darüber, welchen Wein wir kaufen wollen. Und deshalb sollten wir unsere Hausaufgaben so gut wie möglich machen, bevor wir hingehen und den vollkommenen Wein suchen. Bücher und Artikel über Wein können dabei hilfreich sein. Das Internet bietet einige hundert Websites über Wein. Am besten schreibt man sich die Weine, Rebsorten und Winzer auf, die einem zusagen, und legt damit ein Archiv an. Wer genau weiß, was er will und sich in der Sache ein wenig auskennt, der lässt sich von einem redegewandten Verkäufer, der nur sein Sonderangebot loswerden will, nicht so leicht etwas andrehen.

Zwar hält man sich am besten an bekannte und bewährte Namen, doch man sollte auch Unvertrautem gegenüber aufgeschlossen bleiben. Man sollte sich eine Preisgrenze setzen und versuchen, sie einzuhalten – auch wenn man von vornherein weiß, dass man vermutlich über die Stränge schlagen wird. (Die Preisgrenze wird sowieso im Lauf der Zeit nach oben rutschen, wenn man merkt, dass die etwas teureren Weine tatsächlich auch besser schmecken.) Im Dutzend ist Wein oft billiger als in einzelnen Flaschen. Doch bei hohen Preisnachlässen heißt es auf der Hut sein – oft versteckt sich dahinter ein nicht so guter Jahrgang oder ein schlecht gelagerter Wein. Allerdings findet man gelegentlich in der Restpostenkiste auch ein echtes Juwel – davon sollte man dann möglichst viel zu ergattern versuchen.

Auf Hinweise darauf, dass ein Wein schlecht gelagert war und nicht mehr in gutem Zustand ist, heißt es achten. Feuchte Korken und starker Schwund in der Flasche (wenn also der Flüssigkeitsspiegel weit unter dem Korken steht) sind sichere Anzeichen. Aber selbst wenn man eine gut aussehende Flasche gekauft hat und nach dem Öffnen feststellt, dass der Wein Fehler hat, soll man sich nicht scheuen, sie zurückzubringen, denn der Verkäufer ist verpflichtet, sie umzutauschen oder das Geld zurückzugeben. (Aber nicht erst zwei Drittel austrinken, um festzustellen, ob der Korken wirklich schlecht war oder was sonst – man muss die Flasche möglichst voll zurückbringen.) Es ist ja schon ein alter Spruch, aber das Leben ist einfach zu kurz, um miesen Wein zu trinken.

Vor allem sollte man immer erst probieren, bevor man kauft. Nicht nur Weinfachgeschäfte, sondern auch Weingüter bieten Weinproben an, und es gibt immer mehr Weinmärkte und Weinfeste. Hier hat man – manchmal kostenlos, manchmal auch gegen ein geringes Entgelt oder bei extravaganten Degustations-Diners auch zu gut gewürzten Preisen – durchaus Gelegenheit, Weine zu finden, die einem wirklich schmecken. Wieder heißt es sich Namen und Jahrgang zu notieren, wenn man den besten Wein seines Lebens entdeckt hat und einen Lastwagen voll bestellen möchte, denn wie leicht sagt man: «Den vergesse ich nie», aber ich weiß aus leidvoller Erfahrung, dass das nicht stimmt.

Weinkauf beim Winzer

Am günstigsten ist der Einkauf im Weingut, wenn man vorher probieren will. Die meisten (ausgenommen sehr kleine Winzer oder Erzeuger mit größter Hochachtung vor sich selbst – «nur nach Anmeldung») haben Probierstuben, die fast immer geöffnet sind. Der Kauf an der Kellertür ist aus mehreren Gründen günstig: Man kann nicht nur probieren, bevor man kauft, sondern findet oft Weine, die sonstwo nicht zu haben sind, und man kann manchmal dem Winzer über die Schulter schauen.

Wein beim Winzer probieren und kaufen ist etwas anderes als der Einkauf im Fachgeschäft. Deshalb hier ein paar Tipps, wie man das Beste daraus machen kann.

Nur wenige Weingüter sind mit öffentlichen Verkehrsmitteln gut zu erreichen, man muss also mit dem Auto hinfahren, und das bedeutet, man muss mit dem Trinken vorsichtig sein. Am besten fährt man gemeinsam mit Freunden, wobei einer den Fahrer spielt, der nichts trinkt (das nächste Mal ist ein anderer dran). Von vornherein sollte man festlegen, welche Weingüter man besuchen will, und sich dann auch daran halten (vier bis fünf sind genug). Freilich muss man immer damit rechnen, von einer viel versprechend aussehenden Seitenstraße zu einem obskuren Weingut hingelockt zu werden.

Übrigens sollte man vorher Aftershave oder Parfum mit starkem Duft nicht benutzen, denn es stört beim Degustieren.

Man darf ruhig nach allem fragen, was man wissen will. Das Personal von Weingütern kennt sich mit Wein aus – ganz bestimmt mit dem Wein, der dort zu haben ist. Man bekommt meist durchaus bereitwillig Auskunft.

Und auch wegen dem Spucken braucht man sich nicht zu genieren. Meist stehen für diesen Zweck Eimer, Kübel oder dekorative Spucknäpfe bereit, man hat also schönste Gelegenheit, das Degustationsritual durchzuspielen. Wenn man übrigens in vier bis fünf Weingütern von jeweils fünf bis zehn Weinen nur einen Probeschluck nimmt, hat man zum Schluss doch eine ganze Flasche intus – das reicht für Kopfweh.

Man ist zwar nicht verpflichtet, in der Probierstube Wein zu kaufen – aber der Winzer bietet Weinproben schließlich auch nicht aus reiner Herzensgüte an. Kaufen soll man dennoch nur, wenn man den Wein wirklich mag, und mag man keinen, darf man höflich dankend wieder gehen. Auf jeden Fall sollte man die eigene Adresse möglichst überall hinterlassen, auch wenn das darauf hinausläuft, dass man noch mehr Werbung im Briefkasten findet. Manchmal ist sie ja nicht nur interessant, sondern man bekommt auch gelegentlich Weine angeboten, die anderswo nicht zu haben sind.

Auktionen

Weinauktionen gibt es immer häufiger, denn die einschlägige Branche rührt sich fleißig. Oft kann man per Post, Fax oder Internet mitbieten und bekommt die Weine, für die man den Zuschlag erhält, zugesandt. Auktionen sind für den Weinkauf durchaus geeignet, und zwar nicht nur für teure, seltene, sehr alte Kreszenzen. Oft findet man in einem Auktionskatalog junge oder doch relativ junge Weine zu Preisen, die weit günstiger sind als im Weinladen um die Ecke.

Auch hier muss man sich eine Preisgrenze setzen und versuchen, sie einzuhalten – insbesondere wenn einen im Auktionssaal die Leidenschaft, andere zu überbieten, packt. Auch muss man daran denken, dass meist noch eine Provision oder Umsatzsteuer auf den Preis, den man geboten hat, aufgeschlagen wird. Auktionen bieten übrigens Privatleuten die einzige Möglichkeit, Wein zu verkaufen.

Versandhandel, Weinclubs und Wein im Internet

Dienstleistungen dieser Art haben derzeit Konjunktur, weil sie so bequem sind. Nichts ist ja einfacher, als einen Katalog durchzublättern und dann die Bestellung durchzutelefonieren oder daheim am Computer einzutippen, was man möchte. Und eine Woche später bringt die Post ein Paket mit Wein. Auf diese Weise gelangt man oft an preiswerten Wein, und für Menschen, die weit entfernt vom nächsten Laden wohnen, ist das durchaus günstig. Einen Nachteil freilich hat man: vor dem Kauf probieren kann man nicht. Und auch auf das Vergnügen am Stöbern, am Heraussuchen bestimmter Flaschen, an der Suche nach Anzeichen, ob ein Wein schon über seinen Höhepunkt hinaus ist, muss man verzichten. Anders ausgedrückt: Bequem ist es schon, macht aber nicht so viel Spaß.

Restaurants

Ein Grund dafür, weshalb Wein immer populärer wird, ist der, dass man ihn heute mehr denn je in Restaurants, Cafés, Bars und Bistros haben kann.

Wein ist im Restaurant auch nicht mehr so schrecklich teuer. Zwar gibt es noch immer besonders feine Restaurants, wo der Weinpreis anscheinend ganz nach Phantasie ausgeknobelt und dann noch vervierfacht wird, so dass stolze Summen zustande kommen, die mit gesundem Menschenverstand nicht zu erklären sind, doch diese Methode ist hoffentlich im Aussterben. In den meisten Lokalen bekommt man inzwischen leichteres und preiswerteres Essen, und die Weinkarte ist dem angepasst.

Auch offener Wein wird heute in immer größerer Auswahl angeboten und oft mit Vorschlägen für bestimmte Gerichte verbunden. Das ist etwas Schönes: Man kann Neues und Unterschiedliches probieren, ohne sich gleich eine ganze Flasche leisten zu müssen. Natürlich ist das nur dann günstig, wenn in dem betreffenden Restaurant offene Weine gut gehen und nicht halb leere Flaschen tage- und wochenlang herumstehen.

Selbstverständlich kann man Wein, ob im Glas oder in der Flasche, jederzeit zurückgeben oder umtauschen, wenn sich ein Fehler darin zeigt (denn das Leben ist ja zu kurz ...). Hierin liegt auch der Sinn des oft parodierten Rituals, vorher zu kosten.

Hat man einen Wein gewählt (man sollte dabei ruhig auf den Rat des Kellners hören – wenn er bereit ist, einen solchen zu geben –, denn er kennt sich wahrscheinlich aus), dann sollte man die Chance zum Schwenken, Schnuppern und Kosten durchaus wahrnehmen. Hat der Wein keinen offensichtlichen Fehler, dann lässt man ihn sich schmecken. Hat er aber einen, dann darf man es sagen – natürlich höflich. Schließlich zahlt man gutes Geld dafür.

Es ist ja schon ein alter Spruch, aber das Leben ist einfach zu kurz, um miesen Wein zu trinken.

Platz

Wein aufbewahren

Da hat sich an einem schönen Sommertag einer in einem Weingut ein paar Flaschen Wein gekauft und in den Kofferraum gesteckt. Dann besucht er noch ein paar andere Weingüter, die alle an ganz besonders holperigen Straßen liegen. Immer wenn er beim Aussteigen die Klimaanlage abschaltet, geht die Temperatur im Auto ganz schnell auf 45° hoch. Dann kommt eine lange Heimfahrt.

Bis er daheim ist, hat er vergessen, dass die Flaschen im Auto liegen. Es fällt ihm erst wieder ein, als er es eine Woche später unter leeren Plastiktüten und Kartons klingeln hört. Da holt er die Flaschen heraus, trägt sie in die Wohnung hinauf und lässt sie bis zum nächsten Tag auf dem Küchentisch stehen.

Wie tausend andere Leute hat er ein kleines Weinregal zum Zusammenstecken, das auf einem hohen Kühlschrank so weit oben steht, dass man nur herankommt, wenn man sich auf einen Stuhl stellt. Da hinein legt er die zwei kostbaren Flaschen und nimmt sich vor, sie für eine besondere Gelegenheit aufzuheben. Schließlich steht ja auf dem Rückenetikett, dass dieser Wein von ein paar Jahren Aufbewahrung nur profitiert.

Zwei Jahre später hat er ein paar Freunde zum Abendessen eingeladen. Nun fallen ihm die zwei Flaschen wieder ein und, in Erinnerungen an den jetzt weit zurückliegenden schönen Sommertag schwelgend, holt er eine davon aus dem Regal …

Welche Tragödie! Er hat die Flasche entkorkt und sich einen Probeschluck eingeschenkt, und jetzt kommen ihm, wenn er nur daran schnuppert, fast die Tränen. Dieses Gewächs, das vor zwei Jahren so großartig schien, schmeckt jetzt nach Essig. Und daran ist nur er selber schuld. Bei solcher Behandlung hatte der arme Wein keine Chance.

Helles Licht, zu viel Wärme, Trockenheit und starke Temperaturschwankungen sind die Feinde des Weins – und ihnen allen war er in diesem Fall ausgesetzt. Wein hat es gern dunkel, kühl, ein wenig feucht und vor allem gleichmäßig temperiert. Deshalb ist der Keller, wie man ihn sich üblicherweise vorstellt – feucht, trüb beleuchtet, moderig, kalt, voller spinnwebenüberzogener Flaschen –, für die Aufbewahrung von Wein so hervorragend geeignet.

Dunkelheit ist günstig, weil helles Licht den Wein flau machen kann (deshalb wird Wein, vor allem Rotwein, oft in dunkle Flaschen abgefüllt). Kühle Temperaturen sind günstig, weil bei zu viel Wärme der Wein auf lange Sicht «ausgekocht» wird und schalen, dicklichen Geschmack annimmt. Und Feuchtigkeit ist günstig, weil dann der Korken nicht austrocknen und sich zusammenziehen kann, wodurch Luft ins Flascheninnere gelangen würde (deshalb soll Wein auch stets liegend aufbewahrt werden, so dass der Inhalt den Korken befeuchtet).

Doch am wichtigsten ist konstante Temperatur (ideal sind etwa 13 °C), weil sich bei häufigen Temperaturschwankungen der Korken zusammenzieht und wieder ausdehnt, so dass Luft in die Flasche hinein- und Wein aus der Flasche herausgepumpt wird. Das äußert sich in verräterischer Nässe am Rand des Korkens, einem klebrigen Anzeichen dafür, dass der Wein in der Flasche vielleicht schon oxidiert und auf dem Weg zum Essig ist.

Wenn man einen Keller besitzt, hat man gut lachen; dann kann man Wein jahrelang bei besten Voraussetzungen lagern und ihn noch genießen, wenn er schon älter ist. Meistens aber ist es schwierig, so ideale Verhältnisse zu schaffen, und es heißt mit Kompromissen zu leben.

Alte Flaschenkartons, in Handtücher gewickelt und ganz hinten in einem Schrank verstaut, aufeinander gestapelte Styroporflaschenhüllen in der Garage, Weinkisten unter der Treppe, ja sogar in einem Loch unter dem Fußboden – das alles sind Verzweiflungslösungen in nicht unterkellerten Häusern.

So etwas ist für kurzfristige Lagerung – vielleicht auf ein paar Jahre – recht schön und gut, wer aber wahrhaftig vom Weinfieber gepackt ist und sich in den Kopf gesetzt hat, alle Jahrgänge seines Lieblings-Cabernets zu sammeln oder Wein regelmäßig kistenweise zu kaufen oder Jahrgangs-Port für den Tag hinzulegen, an dem die Nichte einundzwanzig wird, dann ist man gut beraten, wenn man sich geeignetere Lagermöglichkeiten einfallen lässt. Da fragt man vielleicht einmal seinen Weinhändler. Er kennt sicherlich professionelle Keller- oder Lagerdienste. Man kann sich aber auch einen teuren Weinschrank mit Temperatur- und Feuchtigkeitsregelung zulegen oder einen vielleicht noch kostspieligeren in den Boden versenkten Fertigkeller. Oder man schaut wie wir anderen auch fleißig in die Immobilienanzeigen und träumt von einem eigenen Haus mit echtem Keller.

*Alte Flaschenkartons, in Handtücher gewickelt
und ganz hinten in einem Schrank verstaut,
aufeinander gestapelte Styroporflaschenhüllen
in der Garage, Weinkisten unter der Treppe,
ja sogar in einem Loch unter dem Fußboden –
das alles sind Verzweiflungslösungen in
nicht unterkellerten Häusern.*

Ye Olde
Selected Hock
YERINGA
VICTORIAN ASSOCIATED VINEYARDS

Zeit

Älterer Wein

Nicht alle Weine werden mit der Zeit besser. Die meisten sind dafür gemacht, dass man sie so jung und frisch wie möglich trinkt, am besten zu Mahlzeiten und am günstigsten nicht zu weit von dem Weinberg entfernt, in dem sie gewachsen sind. In dieser Hinsicht ist der größte Teil des Weins der Welt mit dem größten Teil des Fernsehens der Welt vergleichbar: Alltagsstoff für Leute, die sich nach harter Alltagsarbeit Ruhe und etwas Gutes gönnen möchten, ohne viel nachzudenken. Ein winziger Teil aller Weine der Welt aber verdient nicht nur mehr Aufmerksamkeit, sondern wird mit der Zeit auch besser.

Wenn man den Statistiken glaubt (ich meinerseits glaube ihnen nicht besonders), dann hat dieses Kapitel für moderne Weintrinker keine Bedeutung. Da erfährt man nämlich, dass Wein zu über 90 % innerhalb von 48 Stunden, nachdem er gekauft wurde, getrunken wird. Niemand scheint mehr den Genuss, den ein feiner alter Wein gewährt, zu schätzen – ich könnte also dieses Kapitel gleich hier enden lassen.

Aber da wäre auch das vorherige Kapitel völlig nutzlos gewesen, wenn sich doch niemand mehr dazu veranlasst sieht, Wein eine Zeit lang zu lagern, um ihn zu genießen, wenn er reif ist.

Aber ich mache hier nicht Schluss, denn eines Tages passiert es eben doch – wenn es nicht schon passiert ist –, dass man über einen älteren Wein stolpert, der nicht nur den Gaumen auf ganz besondere Art kitzelt, sondern auch tiefen Respekt für die Freude an einer guten alten Flasche weckt. Das kann in einem Restaurant passieren oder im Keller eines Weinguts, wo einem das Aufbewahren abgenommen worden ist, vielleicht aber auch bei einem Freund oder bei einer Weinprobe. Irgendwann aber passiert es, und dann gibt es kein Entrinnen mehr – von nun an gehört man zu den zwei bis drei Prozent der Menschheit, die auch etwas länger als nur ein paar Tage warten, bis sie den Korken ziehen.

Und dann braucht man einen Keller.

Älterer Weißwein

Was haben Sémillon, Riesling und Chenin blanc gemeinsam? Sie alle können Weißwein hervorbringen, der mit zunehmendem Alter immer besser wird. Ich habe schon das Lob von nicht im Fass ausgebautem Sémillon gesungen, der als zitronenfrisches, herbes junges Ding ins Leben tritt und im Lauf der Jahre zu voller, toastwürziger Persönlichkeit heranreift. Ich hätte aber auch, wo ich doch schon einmal dabei war, erzählen können, dass Riesling und Chenin blanc sich ganz ähnlich verhalten. Und alle drei Rebsorten können, wenn sie von der Edelfäule *Botrytis cinerea* befallen sind, edelsüßen Wein zustande bringen, der noch älter werden kann und Jahr um Jahr noch üppiger wird. Als trockene junge Weine zeigen diese Rebsorten recht kräftige Säure, die gewissermaßen als Konservierungsmittel wirkt (das heißt, der Wein reift langsam und wandelt sich dabei von wasserhellem Weiß allmählich zu tiefem Goldgelb). Die Säure verbindet sich aber auch in winzigen Mengen mit dem Alkohol und entfaltet dabei neue, komplexe Nuancen, während sich das anfängliche Fruchtaroma verflüchtigt.

Hier endet die auffällige Überlegenheit des Chardonnay auf allen anderen Gebieten. Mit ganz bemerkenswerten (aber sehr teuren) Ausnahmen reift Chardonnay wegen seiner schwächeren Säure, seiner Fassreife und seiner vordergründigeren Geschmacksnoten in der Flasche nicht so gut wie die drei anderen, weniger populären Rebsorten. Vielmehr ist er allgemein inner-

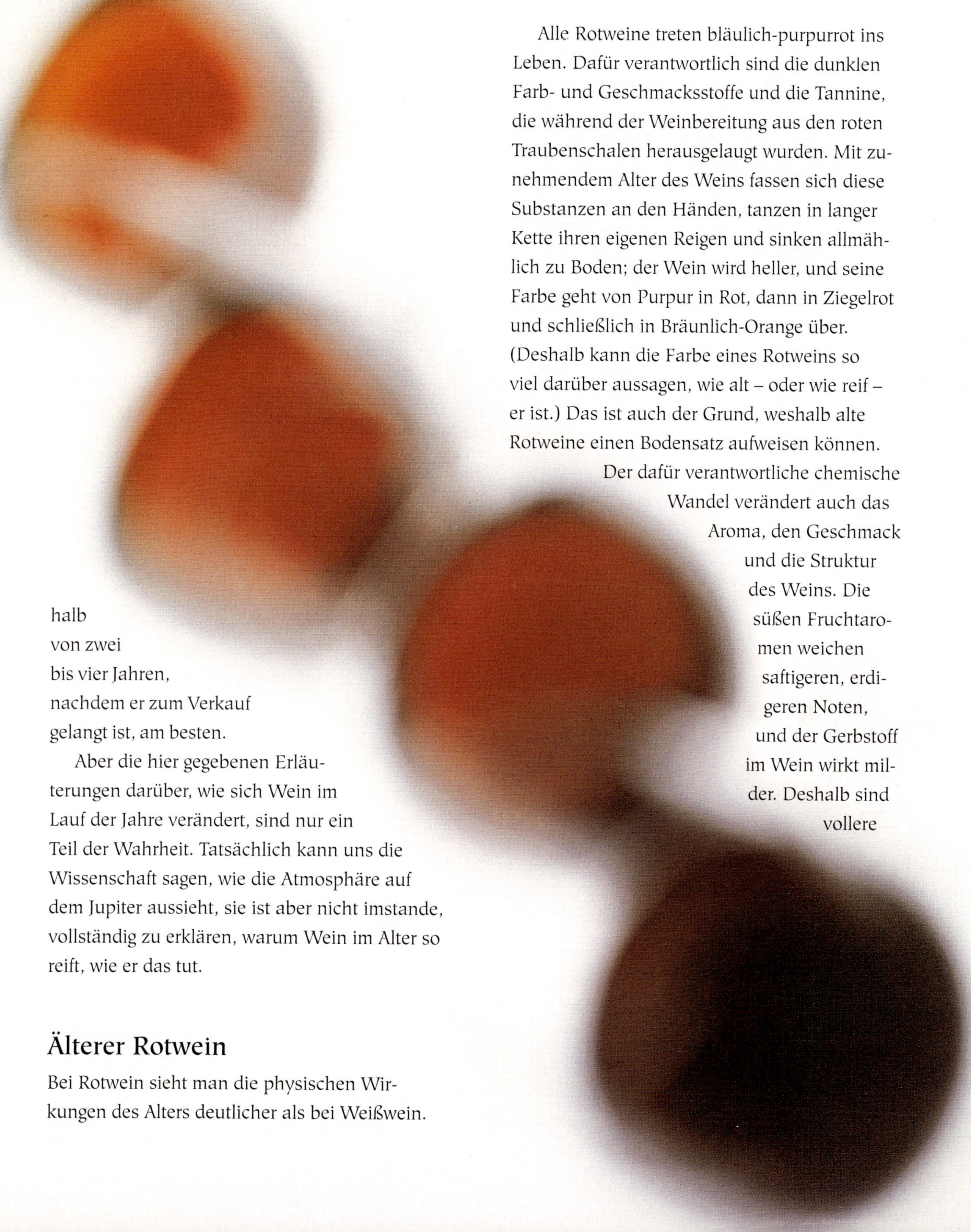

halb von zwei bis vier Jahren, nachdem er zum Verkauf gelangt ist, am besten.

Aber die hier gegebenen Erläuterungen darüber, wie sich Wein im Lauf der Jahre verändert, sind nur ein Teil der Wahrheit. Tatsächlich kann uns die Wissenschaft sagen, wie die Atmosphäre auf dem Jupiter aussieht, sie ist aber nicht imstande, vollständig zu erklären, warum Wein im Alter so reift, wie er das tut.

Älterer Rotwein

Bei Rotwein sieht man die physischen Wirkungen des Alters deutlicher als bei Weißwein.

Alle Rotweine treten bläulich-purpurrot ins Leben. Dafür verantwortlich sind die dunklen Farb- und Geschmacksstoffe und die Tannine, die während der Weinbereitung aus den roten Traubenschalen herausgelaugt wurden. Mit zunehmendem Alter des Weins fassen sich diese Substanzen an den Händen, tanzen in langer Kette ihren eigenen Reigen und sinken allmählich zu Boden; der Wein wird heller, und seine Farbe geht von Purpur in Rot, dann in Ziegelrot und schließlich in Bräunlich-Orange über. (Deshalb kann die Farbe eines Rotweins so viel darüber aussagen, wie alt – oder wie reif – er ist.) Das ist auch der Grund, weshalb alte Rotweine einen Bodensatz aufweisen können. Der dafür verantwortliche chemische Wandel verändert auch das Aroma, den Geschmack und die Struktur des Weins. Die süßen Fruchtaromen weichen saftigeren, erdigeren Noten, und der Gerbstoff im Wein wirkt milder. Deshalb sind vollere

Anscheinend legt sich niemand mehr Wein hin; niemand scheint mehr den Genuss, den ein feiner alter Wein gewährt, zu schätzen – ich könnte also dieses Kapitel gleich hier enden lassen.

Weine – Cabernet Sauvignon, Shiraz und Nebbiolo –, die von vornherein viel Tannin und Extrakt mitbringen, auch diejenigen, die sich am längsten entfalten.

Manchmal liest man Hinweise wie «Dieser Wein erlangt nach fünf Jahren Kellerlagerung seine optimale Reife». Das bedeutet natürlich nicht, dass dieser Wein um Punkt zwölf Uhr an seinem fünften Geburtstag plötzlich auf seinem Höhepunkt ist. Vielmehr meint der Erzeuger, dass dieser Wein nach etwa fünf Jahren – und vermutlich auch noch einige Jahre danach – Fruchtnoten und Flaschenreife harmonisch entfaltet hat und höchsten Genuss gewährt.

Das ist die Meinung des Erzeugers. Wer aber aus Erfahrung weiß, dass er Cabernet jung, tanninherb und voll frischer Frucht mag, der soll ihn jung trinken. Wer dagegen 20 Jahre alten Cabernet mag, dessen primäre Frucht sich zu zarten Zedernholzaromen gewandelt hat, der soll eben Cabernet trinken, der 20 Jahre alt ist.

Ein Wort über Flaschen. Es gibt die verschiedensten Erklärungen darüber, weshalb Wein üblicherweise in 0,75-l-Flaschen verkauft wird. Meine Lieblingsversion ist die, dass dreiviertel Liter gerade das Quantum war, das ein Landmann in der guten alten Zeit zu jeder Mahlzeit in aller Ruhe trank.

Heute freilich sind 0,75 l etwa die Obergrenze für das, was zwei Personen an einem Tag vernünftigerweise konsumieren sollten, es ist aber keineswegs die einzige Flaschengröße, die man bekommen kann. Die Magnumflasche (1,5 l), die Doppelmagnumflasche und noch größere sind besonders bei Erzeugern beliebt, die meinen, ihre Weine würden mit der Zeit besser, denn je größer das Gefäß ist, desto langsamer entfaltet sich der Wein.

Allgemein herrscht die Auffassung, dass die kleine Menge Luft, die zwischen dem Korken und dem Wein in der Flasche eingeschlossen ist, mit dazu beiträgt, die Geschmacksnuancen des Weins im Lauf der Zeit zu verändern. Da bei größeren Flaschen das Verhältnis zwischen Wein und eingeschlossener Luft größer ist, verläuft der Alterungsprozess langsamer, und umgekehrt gilt, dass die Alterung desto schneller verläuft, je kleiner die Flasche ist (halbe Flaschen und die ganz kleinen, die man im Flugzeug bekommt). Obendrein ist die Magnumgröße für eine Weinflasche eigentlich gemütlicher. Meiner Ansicht nach sollte Wein immer in Magnumflaschen abgefüllt werden.

Atmen

Wein servieren

Wenn durstige Leute beieinander sitzen, dann bringt das Geräusch eines Korkens, der aus der Flasche flutscht, mindestens bei einem von ihnen ein wohlgefälliges Grinsen hervor. Dieses explosive Geräusch, das entsteht, wenn ein Stückchen Baumrinde aus seiner Enge befreit wird, lässt jedenfalls mir immer das Wasser im Mund zusammenlaufen.

Das ist der Moment, auf den wir gewartet haben, der Augenblick der Wahrheit. Jetzt endlich gibt es ein Glas Wein. Kosten wir diesen Augenblick aus, genießen wir ihn Schritt für Schritt, ganz langsam und mit Bedacht, und sehen wir zu, wie wir den meisten Spaß an der Sache haben können.

… bei Raumtemperatur servieren …

Und was für ein Raum darf das sein, bitte? Ein stickig heißes Schlafzimmer im Hochsommer? Eine gemütlich warme Küche im Winter? Eine Strandhütte mitten in einem Gewitter? Weshalb steht da nichts Genaueres auf dem Rückenetikett?

Wie kalt oder warm der Wein ist, wenn man ihn trinkt, hat Einfluss auf den Geschmack. Aber deshalb braucht man nicht mit einem Thermometer und einer «Liste der perfekten Serviertemperaturen» zu hantieren – allgemeine Richtlinien tun es schon.

In der Regel treten bei Wein, je kälter er ist, die harten holzigen Noten, und je wärmer er ist, die lieblichen fruchtigen Nuancen in den

Vordergrund. Trinkt man einen ausgiebig im Eichenfass gereiften Chardonnay bei bierkalter Kühlschranktemperatur, dann schmeckt man nichts als Holz und Säure – es scheint, als habe der Wein seine Frucht eingebüßt. Trinkt man einen vollmundigen Shiraz brühwarm, dann könnte man genauso gut Brombeermarmelade schlecken – es scheint, als sei ihm seine Struktur abhanden gekommen.

Das führt zu der allgemeinen Richtlinie: Je leichter, frischer und weniger holzbetont ein Wein ist, desto kühler sollte man ihn trinken. Je voller, komplexer und mit Eichenholznoten beladener ein Wein ist, desto näher sollte er jener komfortablen Untemperatur sein, die sich «Raumtemperatur» nennt.

Nicht im Fass ausgebaute Weine wie knackig frischer Riesling, Sekt, aber auch halbtrockener Weißwein, trockener Sherry und Rosé vertragen durchaus ein paar Stunden im Kühlschrank (natürlich je nachdem, wie warm oder kühl sie vorher waren). Ältere, liebliche oder im Eichenfass ausgebaute Weißweine, etwa Chardonnay, rote Schaumweine, auch leichte Rotweine wie junger Pinot noir, dürfen für eine halbe Stunde in den Kühlschrank gestellt werden. Dagegen sollten körperreichere Rotweine und süße alkoholangereicherte Weine das Innere eines Kühlschranks niemals zu Gesicht bekommen.

Die beste Richtlinie ist freilich doch wohl die eigene Erfahrung. Wer das Glück hat, ein altes Haus mit einem kühlen, feuchten Keller zu besitzen, der merkt sehr bald, dass Rotwein im Winter ein paar Stunden, bevor er getrunken werden soll, heraufgeholt und in die warme Küche gestellt werden muss, andernfalls ist er einfach zu kalt, als dass er ein Genuss sein könnte. Andererseits weiß man auch, dass in einer modernen Stadtwohnung im Sommer selbst einem Rotwein eine halbe Stunde im Kühlschrank gut bekommt und ihn erst auf genießbare Temperatur bringt. Nichts als gesunder Menschenverstand.

… vor dem Servieren dekantieren und atmen lassen …

Zunächst einmal streicht man am besten das Wort «dekantieren» und schreibt stattdessen «in ein großes Gefäß umgießen». Dazu braucht man keinen teuren geschliffenen Kristalldekanter, auch wenn er sich neben den feinen Gläsern aus Österreich und dem verschnörkelten Korkenzieher aus Italien prächtig macht. Eigentlich wird nur etwas gebraucht, in das man den Wein hineingießen kann – irgendein Krug tut es.

Es gibt drei gute Gründe dafür, Wein zu dekantieren, ehe man ihn trinkt. Erstens trennt man den Wein dadurch von einem eventuellen Bodensatz. Zweitens kommt der Wein dabei in Berührung mit Luft, er kann atmen. Dadurch wird junger Rotwein milder, und älterer, im Lauf der Jahre steif gewordener bekommt neues Leben eingehaucht (Weißwein tut solches Atmen nur selten gut).

Und der dritte Grund ist, dass es wie andere harmlose Rituale auch einfach Spaß macht.

Da hat einer eine alte Flasche Cabernet im Keller, die er vor zehn Jahren von seinen Eltern geschenkt bekam. Sie hat seither in Kühle und Dunkelheit gelegen, und jetzt soll sie getrunken werden. Nachdem sie aus ihrem Versteck geholt ist, wird sie am besten ein paar Stunden aufrecht hingestellt, damit der Satz, der sich inzwischen gebildet hat, zum Boden der Flasche rutscht.

Jetzt dämpft man das Licht, legt sanfte Musik auf, zündet eine Kerze an und stellt sie auf einen Tisch. Man könnte auch eine Taschenlampe nehmen (die jemand in geeigneter Höhe hält), aber Kerzen sind viel romantischer. Schließlich ist dies ja ein Ritual.

Der Krug, in den man den Wein gießen will, muss sauber, frei von Gerüchen und natürlich groß genug sein, um den Inhalt der Flasche aufnehmen zu können. Mit einer Hand hält man den Krug, mit der anderen die kostbare Flasche. Gießt man nun den Wein in einem Zug langsam aus der Flasche in den Krug und schaut dabei durch den Flaschenhals auf die Kerzenflamme, dann scheint diese so durch den vorbeiströmenden Wein, dass man rechtzeitig erkennt, wenn der Bodensatz den Flaschenhals erreicht. Jetzt setzt man die Flasche ab – das ist alles. Man hat nun einen Krug mit klarem, belüftetem Wein und noch ein bisschen schlammigen Bodensatz, den man durchsieben und in einer Sauce oder Marinade verwenden kann.

Es gibt Leute, die glauben, es sei Zeitverschwendung, den Wein auf diese Weise atmen zu lassen. Da bin ich anderer Meinung. Einfach den Korken zu ziehen und den Wein eine Weile stehen zu lassen, ist eher Zeitverschwendung, denn dann hat er nicht viel Gelegenheit, mit Luft in Berührung zu treten. Ich glaube auch, dass es alten Rotweinen überaus gut tut, wenn man sie umgießt. Dabei entfaltet sich das Aroma, der Wein rundet sich ab und manche abgestandenen Gerüche, die sich in der Flasche gebildet haben mögen, können entweichen.

Am besten probiert man es einfach einmal aus. Wenn die Sache weder Spaß macht, noch Vorteile für den Geschmack des Weins zu bringen scheint, lässt man es eben wieder. Darf ich inzwischen um den Krug Wein bitten?

… ein wenig in ein Glas schenken …

Wer Wein nur trinkt, um sich zu betrinken, der kümmert sich um das letzte Kapitel über Rituale, Atmen und Dekantieren nicht weiter, sondern gießt den Wein einfach in den Hals. Aber wer Wein nur trinkt, um sich zu betrinken, liest wohl dieses ganze Buch erst gar nicht.

Wer Wein nur einfach in den Hals gießt, verpasst den eigentlichen Genuss – Duft und Geschmack. Die Form des Weinglases kann große Wirkung darauf haben, wie man Duft und Geschmack aufnehmen kann. Wie schon gesagt, ist zum Degustieren – zum Probieren neuer Weine und zum Vergleichen eines Weins mit einem anderen – das internationale Standardprobierglas am besten geeignet. Es überrascht nicht, dass es auch ein sehr gutes Glas zum daraus Trinken ist, aber es ist keinesfalls das einzige.

Solange es kein Leck hat, eignet sich jedes Glas zum Weintrinken. Robuste Becher und Römer passen großartig für den Alltag, für die Grillfete und das Picknick, denn schließlich trinkt man aus ihnen Alltagsweine, auf die man nicht allzu viele Gedanken zu verschwenden braucht. Trinkt man jedoch einen besonderen Tropfen (einen, der viel Geld gekostet hat), dann möchte man ihn aus einem Glas genießen, das ihn vorteilhaft zur Geltung bringt.

Die hohe, schlanke *flûte* beispielsweise ist für guten Sekt am besten, weil sich aus ihr die Perlen nicht alle auf einmal verflüchtigen können wie aus breiteren Gläsern und weil sich das delikate Aroma darin konzentriert. Große Gläser mit Kelchen wie ein Goldfischglas sind großartig für ältere, komplexere Rotweine, weil darin mehr Raum ist, um den Wein zu schwenken und seine kostbaren Düfte herauszulocken.

Auch hier gilt, dass man am besten herausfindet, welches Glas man für welchen Wein bevorzugt, indem man selbst ein paar Kombinationen ausprobiert. Man stellt einfach verschiedene Gläser nebeneinander und versucht herauszubekommen, aus welchem einem ein bestimmter Wein am besten schmeckt. Für welches Glas man sich aber auch entscheidet, man sollte es höchstens zur Hälfte füllen. Wenn man ein volleres Glas schwenken will, hat man den Wein am Ende nicht in sich, sondern auf sich.

Magen

Essen und Wein

So war es früher: Man saß an einem weiß gedeckten Tisch mit gestärkten Servietten, und vor einem schimmerte im goldenen Kerzenlicht ein Wald von Gläsern und Bestecken. Leise einherschreitende Diener brachten einen Gang um den anderen, und man arbeitete sich von außen nach innen durch die Bestecke – man wusste genau, wofür die seltsam geformten Messer und Gabeln jeweils bestimmt waren. Zu jedem Gang wurde ein anderer Wein in die zahllosen Kristallgläser geschenkt: am Anfang Champagner, zur Suppe Sherry, Chablis zu den Austern, Burgunder zum Kalbsbries, Bordeaux zum Roastbeef, Sauternes zum Dessert, Port zum Stilton und Cognac zu den Zigarren. Die Unterhaltung plätscherte dahin, und schließlich gingen die Gäste satt und zufrieden nach Haus. Und niemandem wäre es im Traum eingefallen, es einmal anders zu machen.

Auch so war es früher: Auf dem abgeschabten Tisch lag neben einem Teller und einem dickwandigen Glas ein einziger Löffel. Aus dem großen Topf in der Mitte schöpfte man sich Pasta, dann schenkte man sich von dem robusten Rotwein aus der großen Flasche ohne Etikett ein und nahm einen kräftigen Schluck. War die Pasta alle, tropfte man ein bisschen Wein in den Teller, brach sich ein Stück von dem harten Brot ab und tunkte die Sauce auf. Zum Dessert gab es ein paar Feigen und ein Stück Weichkäse, alles hinuntergespült mit demselben Rotwein, und schließlich eine Zigarette und ein Glas Grappa. Alles stammte aus dem eigenen Hof oder dem des Nachbarn. Und niemandem fiel es je im Traum ein, daran etwas zu ändern.

Und auch so war es früher: Egal, was auf den Tisch kam, eine Flasche Wein war bestimmt nicht dabei. Tee, Bier, Wasser, ja sogar Schnaps, aber kein Wein. Die Vorstellung, dass Wein selbstverständliches Zubehör jeder Mahlzeit sein könnte, war noch bis vor einer Generation in den meisten australischen Haushalten ganz und gar abwegig. Und gar der Gedanke, dass bestimmte Weine besonders gut zu bestimmten Gerichten passen könnten, kam erst recht nicht auf. Und niemandem fiel es je im Traum ein, daran etwas zu ändern.

Und so ist es heute: Auf dem Tisch steht vielleicht ein Teller mit gegrilltem Kängurufleisch und Polenta oder Huhn mit grünem Curry auf thailändische Art oder jungem Ziegenkäse oder Schokoladentorte. Ob allein daheim oder mit Freunden im Strandrestaurant zu einem kleinen Lunch oder einem großen Geburtstagsdinner – eine Flasche Wein steht wahrscheinlich mit auf dem Tisch (und höchstwahrscheinlich ist es Chardonnay).

Heute gilt auch in Australien Wein als selbstverständlicher Bestandteil des Alltagslebens. Und weil Wein heute überall mit dabei ist, mussten die gängigen Regeln zu Wein und Speisen neu überdacht werden. Manche klassischen Paarungen sind geblieben, aber manche der verstaubten alten Tabus haben sich auf ewig verabschiedet. Und manche neuen Anläufe zum immerwährenden vergnüglichen Zeitvertreib, der da Essen und Trinken heißt, sind geschehen.

Beim Abstimmen von Speisen und Wein geht es nicht darum, den heiligen gastronomischen Gral zu finden oder Regeln aufzustellen, sondern mit Genuss zu essen und zu trinken. Entdeckt man dabei besonders sublime Geschmacksverknüpfungen, die unerwartete Empfindungen auf der Zunge auslösen, dann umso besser – aber schon das Experimentieren macht Spaß.

Einer der Hauptgründe, manche der alten Regeln über die Zusammenstellung und Reihenfolge von Speisen und Wein über Bord zu werfen, ist der, dass heute ein Diner kaum noch so zelebriert wird wie früher. Wie lange ist es schon her, dass man Suppe, dann Fisch, dann Geflügel, Braten, Käse und schließlich Dessert zu sich nahm? Heute bestehen die Mahlzeiten meist nur aus einem Gang und höchstens noch einem Nachtisch, außer wenn man ausgeht – dann kommt vielleicht noch eine Vorspeise hinzu. Oder man nimmt zwei Vorspeisen und lässt den Hauptgang ganz weg. Und selbst bei Leuten, die sich ihre Brötchen damit verdienen, dass sie über Wein und Speisen schreiben, besteht wie bei anderen auch die Mahlzeit daheim meist aus einem Teller Pasta mit Salat oder einer Fertigpizza.

Auch bei mir steht immer nur eine Flasche auf dem Tisch – meistens das, was von dem Riesling vom Abend vorher übrig geblieben ist, oder eine halb leere Flasche Shiraz, die von der Grillparty am Wochenende noch herumsteht und immer noch gut schmeckt (vielleicht sogar besser als anfangs). Eben einfach das, was gerade da ist. Auf diese Weise habe ich entdeckt, dass vollmundiger Chardonnay, der zufällig in meinem Kühlschrank stand, gut zu gegrillten Lammkoteletts schmeckt: Normalerweise hätte ich Cabernet (den klassischen Begleiter) dazu getrunken.

Manche Zusammenstellungen von Wein und Speisen machen sich besser als andere, aber auch hier hilft gesunder Menschenverstand weiter. Wenn ich zu einem halben Dutzend Austern nichts anderes als einen schweren Shiraz hätte, würde ich mich vermutlich eher für ein Glas Wasser entscheiden – oder hungrig bleiben und den Shiraz trinken. Wenn mir dagegen eine Wildpastete über den Weg liefe und ich hätte nur einen jungen, frischen Chenin blanc zur Hand – der zu den Austern bestens gepasst hätte –, dann wollte ich, ich hätte den Shiraz nicht weggetrunken.

Auf den nächsten Seiten gebe ich einige Anregungen zu Kombinationen von Wein und Speisen, wie ich sie mag. Eine fertige Liste ist das nicht, nur ein Anfang. Das Beste, was ich mir davon erhoffen kann, ist, dass sie Appetit und Lust auf eigene Experimente macht.

Antipasto, Aperitif – die Geschmacksnerven anregen

Mit irgendetwas muss eine Mahlzeit ja anfangen, und eine durchaus gute Einleitung ist stets, etwas Frisches zu trinken und etwas Leckeres zu knabbern.

Das Erste, das man zu sich nimmt, soll ja den Appetit und das Verlangen nach mehr wecken. Während man also Paprika zurecht macht, die Austern knackt, Oliven in eine Schüssel tut und die Suppe wärmt, kann man nichts Besseres tun, als eine Flasche Sekt zu öffnen.

Der delikate Geschmack und die prickelnde Säure eines guten Sekts bewähren sich seit Generationen, wenn es darum geht, die Geschmacksnerven anzuregen. Aber ein junger, frischer Riesling oder ein Sauvignon blanc/Sémillon belebt den Gaumen genauso gut, und das gilt auch für einen trockenen Fino Sherry, der übrigens meist nicht viel mehr Alkohol enthält als ein reifer Sauvignon blanc.

Sherry wird überhaupt oft übersehen, wenn es um Begleiter für Speisen geht, und das ist schade, denn er passt einfach hervorragend zu Antipasto oder Tapas, aber er ist auch für sich allein als Aperitif sehr gut. Probiert man einen Manzanilla mit seiner charakteristischen salzig pikanten, nussigen Art zu Oliven, gegrillten Sardinen und knusprigem, mit einem Schuss fruchtigem Olivenöl besprengtem Brot, dann merkt man gleich, was ich meine. Dasselbe gilt für einen vollmundigeren Amontillado Sherry zu Krabben-Consommé auf thailändische Art, wobei sich der kräftige Ingwer-, Knoblauch- und Chiligeschmack der Suppe mit der an geröstete Nüsse erinnernden Art des Weins schön verbindet. Sherry ist ein klassischer Begleiter zu Suppe und schafft sich nun auch im Zusammenspiel mit einigen Formen der asiatischen Küche einen neuen Ruf.

Und auch Rosé nicht vergessen! Für ihn hätte ich mich noch vor ein paar Jahren nicht so sehr erwärmt, aber inzwischen bringen doch

Speisen und Wein aufeinander abzustimmen ist eigentlich nicht schwer. Komplizierte chemische Formeln oder goldene Regeln braucht man dazu nicht auswendig zu lernen. Gesunder Menschenverstand tut's.

immer mehr Erzeuger auch in diesem vernachlässigten Stil manches Köstliche zuwege. Vielleicht hat Rosé nicht unbedingt die gesuchte appetitanregende Kraft, aber gut gekühlt ist er an einem heißen Tag oft genau das Richtige zu einem großen Teller Antipasto.

Gemüse, Salat – und was dazu passt

Wie wäre es mit Grünem? Mit frisch gepflücktem jungem Blattspinat beispielsweise, jedes Blättchen schimmernd von Olivenöl und Balsamessig, fein gehackte frische Kräuter und feinkrümeliger Parmesankäse darüber gestreut. Oder mit einer makellosen großen Tomate, frisch vom Stock, in dicke saftige Scheiben geschnitten und mit knallgrünen Basilikumblättern bedeckt. Mit gegrillten Auberginen, Zucchini und Paprika in dicken, mit frisch gemahlenem Pfeffer bestäubten Scheiben. Und dazu frisches, noch ofenwarmes, in handliche Stücke gebrochenes Vollkornbrot.

Fast jeder gut gekühlte Weißwein passt zu einem solchen Lunch, für mich aber ist Sauvignon blanc zu Rohkost absolute Spitze. Ob das an den Spargel- und Erbsennoten im Sauvignon blanc aus Neuseeland liegt oder an Nesseln und frischem Grasschnitt, wie man ihn im Sancerre aus dem Loire-Tal schmeckt, Sauvignon blanc hat nun einmal – auch in Mischungen mit Sémillon – etwas unverkennbar Grünes, das geradezu nach grüner Kost verlangt.

Bei Speisen und Wein geht es eigentlich nur darum, zueinander passende Geschmacksnoten zu finden. Deshalb mag ich Sauvignon blanc vor allem zu Rohkost. Und einen etwas volleren Wein, etwa Chardonnay mit leichter Eichenholznote, zu einem kräftigeren Salat, etwa Salade niçoise mit Thunfisch, Anchovis und Oliven. Und wenn die schon erwähnten gegrillten Gemüse in Öl mit Knoblauch mariniert sind, dann passt ein junger, fruchtiger Grenache rosé perfekt dazu (Grenache und Knoblauch ergänzen sich großartig).

Aber wenn man sich so feine Sachen wie Wildente oder Wachtel in den Salat mischt, dann vergisst man Weißwein am besten und holt sich eine Flasche Pinot noir oder roten Sekt, die mit ihrer Wildnote viel besser dazu passen.

Speisen und Wein aufeinander abzustimmen ist eigentlich nicht schwer. Komplizierte chemische Formeln oder goldene Regeln braucht man dazu nicht auswendig zu lernen. Gesunder Menschenverstand tut's. So braucht man nur leichten Wein mit leichter Rohkost und volleren, robusteren mit voller und kräftiger schmeckendem Gemüse oder anderen Zutaten zu kombinieren. Ganz einfach.

Kleine Happen – schlichter Geschmack, schlichter Wein

Nicht jedes Mahl kann durch gastronomische Extravaganz glänzen – durch eine ganze Reihe brillant komponierter, perfekt zubereiteter Gänge, fein abgestimmt auf verschiedene subtile, facettenreiche Weine. So gern ich dergleichen möchte, das Leben ist doch viel zu kurz (und ich bin sowieso schon korpulenter, als gut für mich ist).

Aber schließlich brauchen weder Speisen noch Wein raffiniert oder teuer zu sein, um zutiefst herzerwärmende Gaumenfreude zu bereiten. Manchmal sind sogar die einfachsten Genüsse die besten. Ein Teller Austern und ein Glas sauberer, frischer, auch recht neutraler Weißwein. Eine Taubenpastete und ein Glas Pinot noir. Ein herzhafter Rotwein aus Südfrankreich, ein Stück vollreifer Käse, knuspriges Brot und ein geruhsamer Frühlingsnachmittag für ein Schläfchen, und ich fühle mich wie im Himmel.

Es gibt schlichte, schmackhafte, nicht übertrieben komplizierte (und nicht sehr teure) Weine, die zuverlässig gut zu einem weiten Geschmacksspektrum passen. Einfacher Sekt, leichter Weißwein, etwa Pinot grigio oder Chenin blanc, guter Beaujolais oder leichter Pinot noir, einfache italienische Rotweine wie junger Chianti oder Dolcetto und fruchtige Weißweine wie junger Marsanne und einfacher Riesling sind allesamt großartige Standardgetränke für den Grillabend oder das Picknick oder den Ausflug an den Strand oder eben wenn man Lust auf einen Snack und ein gutes Glas hat.

Gewürz – mit allen Regeln brechen

Man soll nicht glauben, dass bestimmte Dinge nicht zu Wein passen – solange man es nicht selbst ausprobiert hat. Artischocken und Schokolade beispielsweise gelten seit eh und je als weinunfreundlich, aber mit ein wenig Phantasie kann man auch sie in die Knie zwingen. Grillt man die Artischocken oder mariniert sie mit Olivenöl und Kräutern und legt sie zusammen mit viel Käse und Tomaten auf eine Pizza und serviert dazu einen lebhaften italienischen Rotwein, dann wird sich kaum jemand beschweren. Oder bietet man zur süßesten Schokoladentorte den süßesten Rutherglen Tokay, den man bekommen kann, dann hat garantiert niemand etwas einzuwenden.

Der beste Grund, einen bestimmten Wein zu bestimmen Speisen nicht zu trinken, ist der persönliche Geschmack. Beispielsweise ist an Fish and Chips nichts, was sich mit einem leichten Chardonnay nicht vereinbaren ließe – sie sind tatsächlich fast wie füreinander bestimmt. Aber nach jahrelangen Forschungen bin ich zu der Auffassung gelangt, dass mir ein kühles Bier besser dazu schmeckt.

Und dann ist da noch Chili. Und Ingwer und Knoblauch und Zitronengras und vietnamesische Minze und Gewürze zu Dutzenden in der immer populärer werdenden, unter dem asiatischen Banner lose vereinten Küche (ganz abgesehen von den scharf gewürzten Speisen aus dem Nahen Osten, aus Afrika, Südamerika ...).

Solange ein Gericht nicht so überwältigend scharf ist, dass es die Geschmacksnerven k. o. schlägt, braucht man sich vor Gewürzen nicht zu fürchten, auch nicht vor Chili, wenn es um Wein als Begleiter geht. Und die ungeheure Vielfalt an würzigen Gerichten verdient doch wohl in puncto Wein etwas mehr Respekt und Phantasie als nur die traditionelle Empfehlung von lieblichem Gewürztraminer.

Doch immerhin ist der Gewürztraminer – ebenso wie sein aromatischer Vetter Riesling – zu würzigen Speisen oft ein brillanter Begleiter. So ist etwas in der wundervollen Duftigkeit thailändischer Gerichte, das gut zu der wundervollen Duftigkeit eines sehr jungen und trockenen, aber fruchtigen Gewürztraminers aus dem Elsass oder aus Neuseeland oder aus kühleren Teilen Australiens passt. Und die intensive, fast süß-saure Note eines älteren Rieslings aus Südaustralien schmeckt herrlich zu Ingwer, Knoblauch und Soja in manchen chinesischen Gerichten.

Aber auch außerhalb der relativ sicheren Bereiche aromatischer Weißweine kann man auf manche wirklich faszinierende Kombination stoßen. Chili, mit Maß und kombiniert mit der Süße von Soja und dem Parfum von Koriander in der indonesischen oder malayischen Küche, kann zu einem vollen, geschmeidigen, samtigen Pinot noir herrlich schmecken. Die feurigen Gewürze der marokkanischen Küche scheinen wie gemacht für schwere, würzige Syrah/Grenache-Weine. Der delikate, klar umrissene Geschmack von Tempura und die sanfteren erdigeren Noten der Miso-Suppe werden perfekt durch den erdigen, nussigen Geschmack von Sherry in trockener und lieblicher Version ergänzt. Und die Salate, Meeresfrüchte und Gemüse der vietnamesischen Küche passen herrlich zu frischem, trockenem, grasigem Sauvignon blanc und Sémillon.

Beim Experimentieren mit Lieblingsspeisen und -weinen wird manchmal einiges miteinander in Konflikt geraten – manchmal aber wird man auf eine Geschmackskombination treffen, die auf der Zunge einen Tanz vollführt.

Fisch – Alternativen abwägen

Mit die beste Art, Speisen und Wein zusammenzustellen, besteht darin, das «Gewicht» der Speise mit dem des Weins zu vergleichen. Es kommt darauf an herauszufinden, wie leicht, mittelschwer oder schwer ein Gericht in Geschmack, Gefüge und Fülle ist, und es dann mit einem Wein zu kombinieren, der gleichermaßen leicht, mittelschwer oder schwer ist.

Nehmen wir zum Beispiel Fisch. Die klassische Empfehlung «zu Fisch stets Weißwein» ist

Ja. Rotwein zu Fisch. Das schmeckt.

zwar eine verlässliche Verallgemeinerung, aber doch eben allzu allgemein, wenn man bedenkt, wie viele tausend Arten von Fisch es gibt. Denkt man aber an die «Gewichtigkeit», dann klärt sich das Bild schon eher.

Da wäre zum Beispiel ein einfaches, schön gegrilltes Königsfischfilet, vielleicht mit etwas Zitronensaft beträufelt und mit Pfeffer bestäubt. Der leichte, delikat und zart zubereitete Fisch würde von einem schweren Wein (etwa einem vollmundigen, eichenfassgereiften Chardonnay) glatt erschlagen, während ein leichter Wein – ein frischer, trockener, stahliger Riesling etwa oder ein guter Soave – dem «Gewicht» des Gerichts vollkommen gerecht würde.

Stellt man sich dagegen ein prächtiges, von einer Marinade aus Olivenöl und Kräutern glänzendes, gegrilltes Kabeljaufilet vor, dann würde sicher der Riesling auch dazu schmecken, aber der vollmundige Chardonnay mit seiner Eichenholznote wäre noch besser.

Meeresfrüchte wie Austern, Krabben, Muscheln und Tintenfisch zeigen stets sauberen, meeresfrischen Geschmack, der gut zu sauberem, pikantem Wein passt. Öliger Fisch wie z. B. Sardinen kommt ebenfalls mit sehr frischem Weißwein schön zur Geltung – mit Wein also, der genug Säure hat, um gegen die Öligkeit aufzukommen. Räucherfisch wie Lachs und Forelle findet schöne Entsprechung in der vollmundigeren Art von Sekt oder von Weißwein mit leichtem Holzton. Die weichfleischigen Renken oder Felchen, aber auch die im Geschmack kräftigeren Krebse sind perfekte Partner für sanfte, vollmundige Weißweine wie Chardonnay mit Holzton oder älteren Sémillon.

Weißweine mit Eichenholznote schmecken auch gut zu festfleischigeren Fischen wie Atlantiklachs, Thunfisch und Schwertfisch, doch zu ihnen könnte man auch einmal einen leichteren, geschmeidigen, nicht so gerbstoffreichen Rotwein, etwa jungen Pinot noir, probieren.

Ja. Rotwein zu Fisch. Das schmeckt.

Fleisch – auf die Zubereitung kommt es an, aber …

Richtig. Da habe ich über Geschmacksabstimmung gesprochen und über das Brechen der Regeln und das Abwägen von Gewichtigkeiten. Und jetzt will ich den gastronomischen Hühnerhof mit der Bemerkung aufschrecken, dass bei der richtigen Zusammenstellung von Wein und Speisen alles auf die Zubereitung ankommt. Und das gilt am meisten für Fleisch.

Bleiben wir gleich bei den Hühnern. Das heißt, nehmen wir ein Huhn, ein frei laufendes, körnergefüttertes, schön feistes, frisches und saftiges. Nun nehmen wir seine Brust und garen sie sanft in einer Gemüsebrühe, lassen sie abkühlen, schneiden sie auf und servieren sie mit grünem Salat. Dann nehmen wir die Flügel und Beine, legen sie in eine Marinade aus Olivenöl mit Knoblauch und grillen sie. Und schließlich nehmen wir den Rest und dünsten ihn ganz langsam in Rotwein mit viel aromatischen Kräutern und Gemüse.

Obwohl es sich nun um ein und denselben Vogel handelt, würden doch zu den unterschiedlichen Zubereitungsarten verschiedene Weine passen. Zur Brust wäre ein Riesling oder ein anderer leichter fruchtiger Weißwein gerade recht; zum rauchigen Geschmack der gegrillten Flügel und Beine würde der eichenholz- und toastwürzige Geschmack eines Chardonnay, aber auch ein junger Pinot noir ausgezeichnet schmecken; und zum herzhaften, winterlich-kräftigen Rest käme ein herzhafter südfranzösischer Rotwein oder ein älterer Shiraz in Frage.

Wenn es denn also Regeln darüber gibt, welche Weine zu welcher Art von Fleisch gut passen, so gilt es doch immer zu bedenken, wie dieses Fleisch zubereitet ist und welche Zutaten es begleiten.

Die klassische Schlichtheit von Gerichten wie Lammkotelett oder dem sonntäglichen Rinderbraten verlangt nun einmal nach einem klassischen Partner, also einem guten, kräftigen Cabernet Sauvignon. Belegt man das Lammkotelett jedoch mit nahöstlichen Gewürzen und serviert Kuskus dazu, dann würde ich einen würzigen, auf Grenache beruhenden Wein aus Südfrankreich oder einen robusten Zinfandel dazu empfehlen. Und schneidet man das Rindfleisch in Streifen und brät es für einen warmen Thai-Salat, dann würde ich mich nach einem sehr guten, reichfruchtigen Pinot noir umsehen.

Pinot noir wäre auch das Erste, wonach ich greifen würde, wenn ich mich Speisen gegenüber sehe, die Anklänge an Wild (wie Ente, Hase, Taube, Wachtel) oder Innereien (zum Beispiel Leber) aufweisen, eben weil er erdige, an Wild erinnernde Geschmacksnuancen hat. Pinot also oder etwas ähnlich Sinnlich-Herbstliches, beispielsweise ein guter älterer Shiraz. Zugleich aber besitzt Peking-Ente eine bizarre, doch brillante Affinität zu vollem rotem Schaumwein, und manche Hasen- oder Wachtelgerichte sind so leicht, dass man keinesfalls etwas Schwereres als einen leichten Sémillon dazu trinken möchte.

Ferner gilt es zu bedenken, dass viele fest eingeführte Zusammenstellungen von Speisen und Wein ihren Ursprung als regionale Spezialitäten nahmen: die besonders brillante Art, wie Elsässer Riesling die einheimischen Wurstwaren ergänzt oder wie der trüffelähnliche Duft von Piemonteser Rotweinen zu trüffelbestreutem Braten aus Piemont passt oder wie Bœuf bourguignon und vollmundiger Burgunder einander schmeicheln.

Nun kennt Australien nur wenige Zusammenstellungen von Speisen und Wein, die wirk-

lich als regionale Spezialitäten bezeichnet werden könnten, das aber hindert uns nicht daran, in aller Fröhlichkeit und mit schönstem Erfolg unseren hiesigen Wein mit unseren ureigenen Speisen zu kombinieren – oder aber die klassischen Kombinationen aus Europa oder anderen Teilen der Welt nachzuvollziehen.

So ist es durchaus sinnvoll, einen im McLaren Vale gewachsenen und gekelterten Sangiovese zu im McLaren Vale gewachsenem und mit Oliven aus dem McLaren Vale geschmortem Kalbfleisch zu trinken und dazu Brot zu essen, das mit Olivenöl aus dem McLaren Vale getränkt ist, auch wenn wir etliche tausend Meilen von der Toskana, woher diese Zusammenstellung ursprünglich kam, entfernt sind. Es ist auch durchaus sinnvoll, zu Austern aus Tasmanien Schaumwein aus Tasmanien zu trinken. Und es ist überaus sinnvoll, warmen, vollmundigen Barossa Shiraz zu wundervoll kräftig schmeckendem Kängurufleisch aus Südaustralien zu genießen.

Käse – weich oder hart (und die persönliche Vorliebe)

Käse! Wie viele Partys, Veranstaltungen, Eröffnungen, Konferenzen hat man nicht schon erlebt, auf denen ein anspruchsloser Rotwein in Plastikbechern herumgereicht wurde und dazu auf Papptellern kleine gelbliche Würfel aus einer Masse, die sich vielleicht Cheddarkäse nannte? Man wird sich freuen zu erfahren, dass Wein und Käse (und das Leben) Besseres zu bieten haben.

Anders als alles andere Essbare, über das ich mich hier verbreitet habe, sind Zusammenstellungen von Wein mit Käse relativ leicht zu empfehlen, weil der sich so eindeutig in verschiedene Arten einordnen lässt. Weichkäse ist Weichkäse, und Hartkäse ist Hartkäse, da gibt es nichts zu deuteln. So entscheidet eben nur eines, und zwar dasselbe wie bei allen hier gegebenen Empfehlungen: die persönliche Vorliebe. Mir beispielsweise gilt ein schön pikanter Sauvignon blanc mit einem frischen Ziegenkäse als eine im Himmel der Gastronomie geschlossene Geschmacksehe, jemand anderem dagegen mag diese Verbindung grässlich erscheinen.

Der Ziegenkäse gibt einen guten Ausgangspunkt ab. Frischer, nur ein paar Tage alter, weicher, noch milchiger Käse dieser Art mit seinem schlichten Geschmack passt meist zu ebenso schlichtem Wein (deshalb mag ich den Sauvignon blanc; aber junger Rotwein, frischer Sekt und fruchtiger Rosé sind genauso gut). Weicher

Schimmelkäse – Brie, Camembert – verlangt nach ausdrucksvollerem Wein, etwa eichenfassgereiftem Weißwein, robusterem Jahrgangssekt, geschmeidigem Pinot noir oder jungem Merlot.

Käse mit kräftigem, manchmal allzu kräftigem Geruch und entsprechendem Geschmack verlangt nach Wein, der ihm gewachsen ist: einem Shiraz mit kräftig aromatischer Frucht oder einem an Bauernhof und Wild erinnernden Pinot noir.

Hartkäse – vom pikanten Cheddar bis zum lebendigen Gruyère und intensiven Parmesan – ist für großen Rotwein bestimmt. Der feste Biss eines guten Cheddar passt ideal zum festen Bau eines jungen Cabernet Sauvignon, und die krümelige, fast körnige Art eines Parmesan stimmt fein zum fast kernigen Tannin eines alten Shiraz oder Sangiovese oder zur Lebendigkeit eines roten Schaumweins.

Und dann kommt noch Blauschimmelkäse, und da hat der gichtgeplagte alte Offizier mit seinem Glas Vintage Port die richtige Nase. Hier ist ein Wein gefragt, der imstande ist, sich gegen den massiven Angriff eines guten Blauschimmelkäses durchzusetzen – und Vintage Port, aber auch echt intensive Dessertweine wie edelsüßer Sémillon oder Liqueur Muscat und Liqueur Tokay haben das Zeug dazu.

Aber alles das ist natürlich nur meine persönliche Meinung.

Dessert – bis zum süßen Ende

Ist nach alledem noch Platz irgendwo in einer Ecke des Magens? Gut. Denn jetzt wollen wir ein bisschen schwelgen und die schlanke Linie, den Zahnarzt und den nächsten Morgen verdrängen.

Was wäre das Leben ohne Süßspeise? Das süße Ende einer Mahlzeit – ob es sich einfach um Obst oder um eine raffinierte zuckerige Extravaganz handelt – ist eben das, was einen mit freundlichen, warmen Gedanken und innerem Glanz zu Bett begleitet (oder hinaus zu einer Party oder sonst wohin). Und Wein kann dabei eine wesentliche Rolle spielen.

Wein und Dessert aufeinander abzustimmen ist relativ einfach. Es gibt eigentlich nur zwei Dinge zu beachten. Erstens muss der Wein mindestens genauso süß – wenn nicht gar süßer – sein als die Nachspeise, andernfalls wird er totgeschlagen. Beispielsweise schmeckt zu einer schönen Birne oder einer anderen Frucht ohne Beigabe am besten ein nicht zu süßer Wein, etwa ein Riesling Spätlese. Schneidet man die Birne jedoch auf und backt sie in eine Torte mit Karamellüberzug ein, dann kann sich dagegen nur ein edelsüßer Riesling durchsetzen.

Alle anderen Überlegungen gelten hier ebenfalls: Geschmacksabstimmung (alles, woran Aprikosen oder Butterscotch beteiligt sind, passt besonders gut zu der Aprikosennote in edelsüßem Sémillon), Gefüge (der Zitrusgeschmack eines Zitronenkuchens und die frische Säure eines Eisweins) und Gewichtigkeit (zu einem Stück Kuchen passt ein mit Alkohol angereicherter Dessertwein) – aber der wichtigste Punkt ist doch wohl die Süße.

Zu bedenken gilt es, dass (wenigstens aus meiner Sicht) Wein und Eis oder Sorbet nicht zusammengehen. Die intensive Kühle stumpft die Zunge ab, so dass man meint, der Wein sei gar nicht im Mund. Aber, wie ich schon sagte, man soll nicht glauben, dass Wein und bestimmte Speisen nicht zueinander passen, solange man es nicht selbst ausprobiert hat.

For your family's sake -
DON'T DRINK

Blut

Gesundheit und Wein

«Langsam, Herr Doktor. Sagen Sie mir das nochmal. Soll das heißen, dass ein paar Glas Rotwein am Tag mich vor einem Herzinfarkt bewahren?»

«Ja, aber ganz so einfach ist das nicht ...»

«Großartig! Dann kann ich also fett essen und gemütlich vor mich hinleben wie die Bauern in Südfrankreich, und nur weil ich mir immer wieder einen hinter die Binde gieße, bleibe ich gesund und munter!»

«Ungefähr so, aber ...»

«Donnerwetter. Ich ziehe los. Danke, Herr Doktor. Mir geht's schon viel besser. Und wo ist hier der nächste Weinladen?»

«Ich ...»

Die moderne Wissenschaft in ihrer großen Weisheit hat in den letzten zehn Jahren die Welt mit einem Bericht nach dem anderen, mit einer Studie nach der anderen überrascht, worin behauptet wird, dass mäßiger Genuss von Alkohol – insbesondere von Wein und wiederum insbesondere von Rotwein – der Gesundheit förderlich sei.

Eine erstaunt lauschende Welt erfuhr von einem Forscher nach dem anderen, dass die Gefahr eines Herzinfarkts durch vernünftiges Trinken verringert werden könne. Das war die wohl beste Nachricht, die uns (und dem Weinbau) zugekommen ist, seit der Mensch in der Bronzezeit die Wunder der alkoholischen Gärung entdeckte.

Aber neu ist sie doch wohl nicht wirklich. Ich meine, es ist nur der wissenschaftliche «Beweis» für etwas, was die Menschheit – und zutiefst in ihrem Herzen auch die Wissenschaft – schon immer wusste, seit es Wein gibt: Das Zeug ist gesund. Das sagt einem doch schon der gesunde Menschenverstand.

Wenn man nach einem anstrengenden Tag heimkommt und sich ein Glas von seinem Lieblings-Chardonnay genehmigt, dann fühlt man sich gleich besser. Das eben meine ich. Gesunder Menschenverstand. Müssen uns da wirklich erst Wissenschaftler glasklare Beweise für etwas erbringen, was wir sowieso schon wissen?

Nun ja, sie müssen es. Weil wir das Zutrauen zum Wein, das frühere Generationen hatten, verloren haben.

Früher wussten die Ärzte, dass der Wein Substanzen enthält, die im menschlichen Körper eindeutig gute Wirkungen entfalten – nicht die schlechteste davon ist Alkohol als schmerzlinderndes Mittel. Für die alten Griechen und Römer war Wein eine wichtige Arznei, und bis noch vor relativ kurzer Zeit wurden ganz bestimmte Arten Wein gegen die verschiedensten Leiden verordnet.

Um das Ende des 19. Jahrhunderts bekämpfte dann die Temperenzlerbewegung (und später die Prohibition) die Trunksucht, die anscheinend die menschliche Gesellschaft zugrunde richtete, und die Verwendung von Wein als Arznei (und auch der Weingenuss) wurde beschnitten.

Auch im 21. Jahrhundert ist das Image des Alkohols noch immer beeinträchtigt. Trunksucht, Alkoholmissbrauch bei Jugendlichen, der Ruin ganzer Familien durch Alkoholismus, tödliche Unfälle durch Alkohol am Steuer – das sind ernst zu nehmende Erscheinungen überall in der Welt, die sich offenbar nicht bessern wollen. Obwohl Wein (im Vergleich mit Bier und Spirituosen) an einem relativ kleinen Teil dieser Probleme schuld ist, wird er doch als einer der schlimmsten Dämonen verteufelt.

Vor diesem neoprohibitionistischen Hintergrund in den USA ist es zu sehen, dass derartige Forschungsergebnisse so viel Aufmerksamkeit erregten. Alles stürzte sich auf die harten Fakten, die den Wein in positivem Licht erscheinen ließen. Die medizinische Wissenschaft hatte sich auf die Seite der Genießer gestellt.

Die am meisten beachteten Forschungen – es waren umfangreiche Untersuchungen mit vielen tausend Fallstudien über Jahrzehnte hinweg – ergaben, dass mäßiger Genuss von Rotwein zur Verhütung von Herzerkrankungen beitragen kann. Die Phenole im Wein (Farb- und Gerbstoffe) verringern die Ablagerung von Cholesterin in den Arterien und damit das Risiko der Bildung von Verklumpungen und Verstopfungen

Was ist nun eigentlich Mäßigkeit? Manche verstehen darunter «ab und zu ein Glas», andere «nicht so viel, dass es mich umhaut, aber doch so viel, dass ich fröhlich werde». Das aber sind wohl kaum verlässliche wissenschaftliche Direktiven.

und infolgedessen von Herz- und Gefäßerkrankungen wie Herzinfarkt und Schlaganfall. Dieses Phänomen erhielt den Namen «French Paradox», weil es in Südwestfrankreich beobachtet wurde, wo die Menschen reichliche Mengen an gesättigtem Fett zu sich nehmen und viel Rotwein trinken, wo aber nur wenige Herzerkrankungen vorkommen.

Doch es kommt noch besser. Andere Forschungen ergaben, dass mäßiger Weingenuss unter Umständen den Blutdruck senkt, im höheren Alter geistige Beweglichkeit und Intelligenz verbessert, die Stimmung hebt, appetitanregend, beruhigend und verdauungsfördernd wirkt. Und nicht nur das – mäßiger Weingenuss wird auch als wesentlicher Teil der mediterranen Ernährungsweise empfohlen: viel Getreideprodukte und Körnerfrüchte, reichlich Obst und Gemüse, ungesättigte Fette wie Olivenöl und kleine Mengen Fleisch und Milchprodukte.

Alles das hätte die alten Mittelmeerbewohner, die Griechen und Römer, wohl kaum überrascht.

Mäßigkeit

Was ist nun eigentlich Mäßigkeit? Manche verstehen darunter «ab und zu ein Glas», andere «nicht so viel, dass es mich umhaut, aber doch so viel, dass ich fröhlich werde». Das aber sind wohl kaum verlässliche wissenschaftliche Direktiven.

Mit der Frage der Mäßigkeit schlagen sich Mediziner und Behörden seit Jahrzehnten herum. Der Schlüssel, den sie schließlich gefunden haben, ist die «Standardmenge» oder «Alkoholeinheit».

Die Standardmenge wird in Australien mit 10 g, in England mit 8 g Alkohol angegeben. Das entspricht grob geschätzt einem kleinen Glas Wein, einem sehr kleinen Glas angereichertem Wein, einem Schuss Schnaps oder einem Glas Bier. Als empfohlene Höchstmenge gilt in Australien viermal die Standardmenge pro Tag für Männer und zweimal für Frauen, und zwar aufgrund der verschiedenartigen Verarbeitung von Alkohol im männlichen und weiblichen Körper. Die Empfehlung lautet absichtlich «vier bzw. zwei pro Tag» und nicht «28 bzw. 14 pro Woche», damit man sich an regelmäßige Mäßigkeit hält und nicht etwa auf den Gedanken kommt, sich die Wochendosis auf einmal einzuverleiben.

Das alles wäre nun schön und gut, wenn wir alle Standardmenschen wären. Aber das sind wir nicht. Der eine ist dick, der andere dünn, der eine groß, der andere klein, der eine fit, der andere urlaubsreif. Es gibt Junge und Alte, Gesunde und Kranke, Schwangere, Gestresste und gut Erholte. Also heißt es auch hier, den gesunden Menschenverstand walten zu lassen und die Empfehlungen nur als Ausgangspunkt zu nehmen.

Die gute Nachricht ist, dass man als kräftiger, gesunder junger Mann mit vier Glas Wein am Tag oder als gesunde schwangere Frau mit ein oder zwei Glas Wein in der Woche nicht nur mäßig, sondern gerade deshalb vielleicht sogar länger lebt.

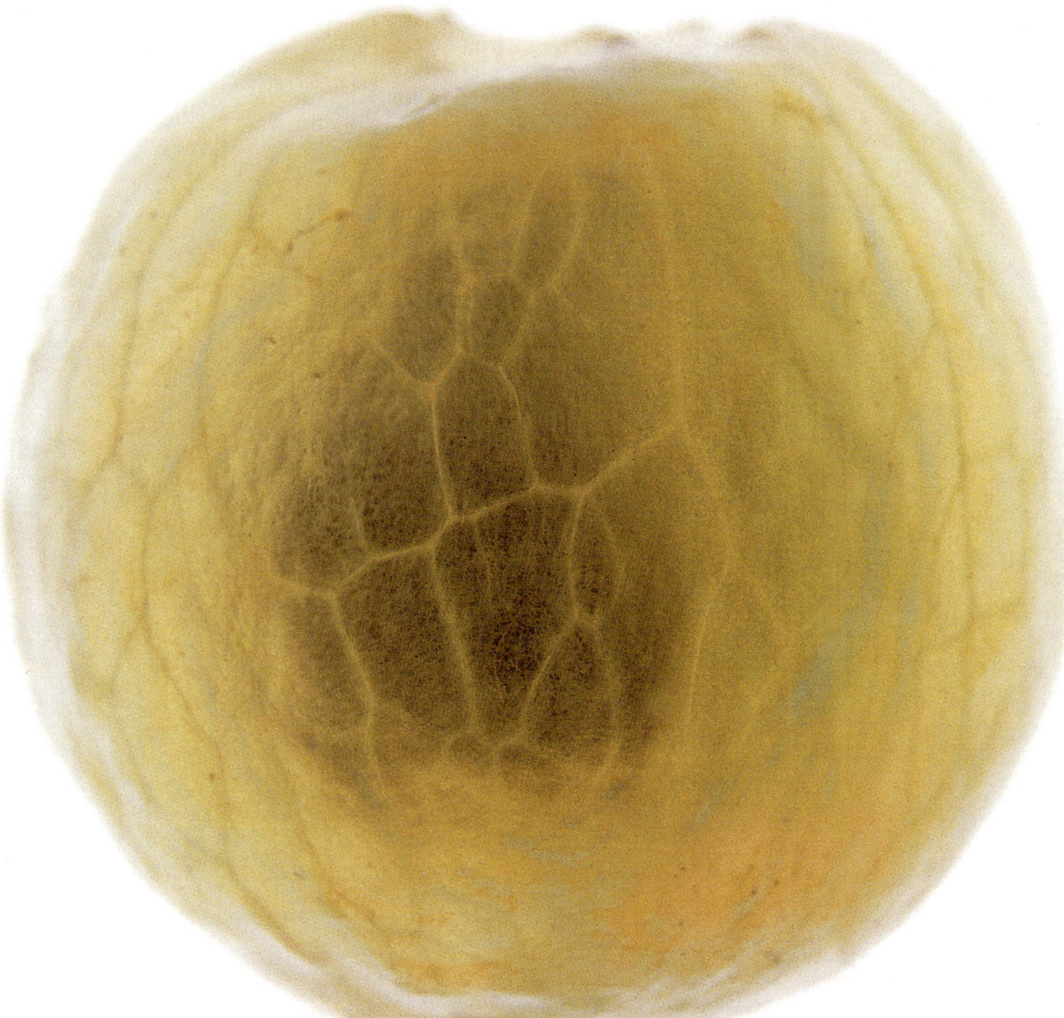

Globus

Wandel in der Welt des Weins

Früher war alles so einfach. Wer in Sydney oder Melbourne aufwuchs und Wein trank, der trank solchen aus Weinbergen unmittelbar vor der Stadt oder auch von ein wenig weiter her, aber kaum jemals welchen, der über das Meer kam. Und wer in Europa aufwuchs – auch wenn es nicht gerade in einem Weinbaugebiet war –, der trank, was seine Eltern getrunken hatten: den heimischen Wein, vielleicht auch einmal einen Bordeaux oder Champagner, aber kaum jemals Wein aus Australien. Wenige kannten sich mit den Rebsorten aus, und die meisten kümmerten sich auch nicht darum, wie der eine oder andere Wein bereitet wurde und ob das Klima im Norden Tasmaniens ähnlich war wie das in Burgund.

Heute, da die letzten Strahlen des 20. Jahrhunderts am Horizont verblassen, ist nichts mehr so einfach – aber es ist viel interessanter geworden. Die Welt des Weins hat sich in den letzten dreißig Jahren ebenso tief greifend verändert wie die Welt überhaupt. Wir trinken heute besseren Wein, interessanteren Wein, und wir wollen alles darüber wissen.

Wer heute in Sydney oder Melbourne aufwächst, findet auf den Weinregalen und in guten Restaurants nicht nur Wein aus einem kleinen Weinberg vor der Stadt, sondern genauso gut Wein aus einem kleinen Weinberg in Bordeaux oder Italien oder Südamerika. Und in Europa trinkt die junge Generation nicht mehr nur das, was ihre Eltern tranken, denn auch dort erfährt man mancherlei über australischen Wein durch das reiche Angebot im Weinhandel.

Eine zweckdienliche Möglichkeit, die Situation der Welt des Weins zu Beginn des 21. Jahrhunderts zu beschreiben, bietet sich durch die Aufteilung in die Alte und die Neue Welt an.

In der Alten Welt – in Europa – entstanden die Urmodelle der bekannten Weinstile in Regionen, die oft diesen Stilen den Namen gaben: in Burgund entsteht der Burgunder, in der Champagne der Champagner – immer nach Verfahren, die von Generation zu Generation weitervererbt worden sind; die Anbau- und Bereitungsmethoden sind in Gesetzen festgeschrieben. Die Alte Welt ist schwerfällig im Wandel, reagiert nicht rasch auf Veränderungen des Markts und nennt als Vorwand dafür jahrhundertealte Tradition. Die Weinerzeuger der Alten Welt sind der Überzeugung, dass sie die besten Weine auf unserem Planeten hervorbringen.

Die Neue Welt – alles Übrige (Australasien, Amerika, Südafrika) – gestaltet die bekannten Weinstile in manchmal völlig anderer Form neu. In Kalifornien wird Pinot noir, in Australien Schaumwein in High-Tech-Anlagen nach den neuesten innovativen Methoden erzeugt, und sehr wenig von dem, was hier geschieht, ist in Gesetzen festgeschrieben. Die Neue Welt ist rasch im Wandel, reagiert vielleicht zu bereitwillig auf die Markterfordernisse und sieht das Fehlen beschwerlicher Traditionen als einen ihrer größten Aktivposten an. Die Weinerzeuger der Neuen Welt sind der Überzeugung, dass sie die besten Weine auf unserem Planeten hervorbringen.

Freilich ist die Aufteilung nicht ganz so eindeutig. Die Alte und die Neue Welt stehen eher für Denkweisen als für Realitäten. Manche der interessantesten Entwicklungen der Neuen Welt beispielsweise finden im Herzen der Alten Welt statt.

Australische und in Australien geschulte Weinmacher kommen unter anderem nach Südfrankreich, Ungarn und in Länder der ehemaligen Sowjetunion und verwandeln dort mit ihren Techniken ehemals gewöhnungsbedürftigen in nunmehr überaus genießbaren Wein. Und junge Weinmacher in traditionsstolzen Ländern wie Italien lehnen sich gegen das starre veraltete System auf und produzieren Wein, wie sie wollen und wo sie wollen.

Gleichzeitig arbeiten sich junge Weinmacher in der Neuen Welt durch die alten Erfahrungsweisheiten der Alten Welt und wenden sie mit Erfolg in neuem Zusammenhang an: Jahr für Jahr sind mehr und mehr australische Weinmacher bereit zuzugeben, dass an dem Gerede über *terroir* vielleicht doch etwas dran sein könnte, und immer weniger von ihnen setzen allein auf Technologie bei der Weinbereitung und geben wieder «natürlicheren» traditionellen Techniken den Vorzug.

Auch in Australien gehen die Jahre des unbekümmerten Enthusiasmus und der uneingeschränkten Freiheit zu Ende. Der Weinbau will sehr ernst genommen werden – insbesondere auf den zunehmend wichtigen Exportmärkten –, und daher ist Wandel angesagt.

Zunächst wandelten sich die Etiketten. Die alten Gattungsnamen aus Europa wie Claret, White Burgundy und Champagne sind out, dafür kamen neue Namen, meist die der Rebsorten wie Cabernet, Chardonnay oder Pinot noir/Chardonnay brut. Es wird auch angegeben, wie viele Alkoholeinheiten (10 g) eine Flasche enthält – das dürfte zu mäßigem Weingenuss beitragen.

Neu ist auch die Betonung regionaler Identität. Das ist womöglich die größte Entwicklung beim australischen Wein, seit Governor Phillip hier im Jahr 1788 den ersten Weinberg anlegte: die Erkenntnis, dass bestimmte Rebsorten in bestimmten Gegenden besser gedeihen und dass es sich lohnt, hierauf näher einzugehen.

Das regionale Denken hat das Interesse an «traditionellen» australischen Weinstilen (beispielsweise schwerem, alkoholstarkem Shiraz und Grenache aus Barossa und dem McLaren Vale oder straffem, langlebigem Riesling aus Clare) und an «neuen» australischen Regionalstilen (Adelaide Hills Sauvignon blanc, Yarra Valley Pinot noir) kräftig belebt.

Doch wie sieht die Zukunft aus? Im Augenblick scheint sich die Welt des Weins in zwei Richtungen zu bewegen.

Auf der einen Seite stehen Erzeuger und Verbraucher, die auf «internationale» Stile aus sind, beispielsweise auf pfirsichduftigen Chardonnay und an schwarze Johannisbeeren erinnernden Cabernet, ganz gleich, woher sie stammen. Das Ergebnis ist ein Meer von preiswerten, sauberen, fruchtigen Weinen, die von neuen Weinliebhabern in aller Welt begeistert aufgenommen werden.

Andererseits bemüht sich eine wachsende Schar von Winzern um wenig bekannte, einheimische Rebsorten und Techniken, um einem Sinn für Lagen und Individualitäten Ausdruck zu geben – und eine wachsende Schar von Weinliebhabern erfreut sich an diesen individuelleren Weinen.

Einerseits scheinen die großen Unternehmen immer größer zu werden, während andererseits die kleinen, selbständigen, aufstrebenden Familienweinbaubetriebe immer zahlreicher werden.

Und während uns die Technologie hilft, die saubersten, interessantesten und preiswertesten Weine hervorzubringen, die es je gegeben hat, erzwingt echte Besorgnis über die Auswirkungen des Weinbaus auf die Umwelt neues Nachdenken über die technologischen Eingriffe und über sanftere, nachhaltigere, traditionelle Methoden des Traubenanbaus und der Vinifikation.

Alles dies kann auf kurze oder auch lange Sicht freilich nur bedeuten, dass wir uns auf eine noch größere Auswahl an noch besseren Weinen freuen dürfen. Und das ist schließlich doch etwas, wofür es sich zu leben lohnt.

Dank

Sophie und Bridie für ihre Geduld; Adair für das freundliche Verständnis; Sue Hines für ihren unerschütterlichen Glauben an die Idee; Tracy O'Shaughnessy für die lenkende Hand; Andrew Cunningham und Luisa Liano für die schöne Gestaltung; Jim und Phillipa, Geoff, Nigel, Dave, Michael and Lois vom Wandin Valley Estate dafür, dass wir uns in Keller und Weinberg tummeln durften, sowie für den Silver Shed Port und die Mitwirkung; Growlers für die geriffelten Wasserflaschen; Caroline Evans für die Mithilfe (mit der Kamera-Ausrüstung und beim Vertilgen des Silver Shed Port); Ned, Tim Bell, John Short, Lindsey Edwards und Scott Wright ebenfalls für die Mithilfe und für den Verzicht, beim Silver Shed Port mitzuhalten; den Schweren Jungs von Bloodwood in ihren Trikots für das schöne Rosa; Peter Curtis von der Hunter Valley Cheese Company für den Aufenthalt im Kühlraum; dem alten Shiraz-Weinstock bei Tyrell's dafür, dass er noch da war; den Draytons für eine interessante Abfüllanlage; Stumpy dem Froschmaul für das Spuken; N. und A.L. Phillips für den Wassertank, den Weinberg und den Hund Sam; den Irelands in Peppers Creek für den Weinkeller; Ponch Hawkes für technische Ausrüstungen und die Überlassung des Studios; dem Labor X für die rasche Bearbeitung; David und Jane Lowe und Gemma Funnell für die Rotweinbereitung; Barry und Jan Shields in Oakvale für die Korbpresse; den Hallidays für ihren Beistand; Ross Bird für die Rockstar-Kostümierung; Gerald Diffey für die Mithilfe seines Personals; Creina Stockley bei AWRI, Jeffrey Grosset im Clare Valley und Steven Strachan bei WFA für die statistischen Angaben; Richard Piper für das versehentliche Öffnen der Tür; den skeptischen Kellermeistern und belustigten Rüttlern der Domaine Chandon; Megan im Builders Arms für Bar und Cocktails; Tim de Neefe und Peter Mack für die Hilfe mit Ausrüstungen; Michael Hoyle und allen in Eyton on Yarra dafür, dass wir Küche und Keller unsicher machen durften; Jeremy Strode und Simon Denton im Adelphi für Platz, Pudding und Fleisch; Fiona Hammond für das Arrangieren der guten Bissen; Jason, Eugenie, Rick, Annabel, Paul N., Millie und Murray für das Dabeistehen; Dan und The Becmeister für mancherlei Geräte; Rob Evans bei McCoppins für Kasse und Kühlschrank; Langton's Auctions für die Kellereinrichtungen; Richard Thomas bei der Yarra Valley Dairy für Käse über Käse; Stephanie Wood bei The Age Epicure Uncorked für ein paar Bilder; allen anderen, die mitgeholfen haben und hier vergessen worden sind; vor allem aber dem legendären Silver Shed Port, dem wir mehr als nur ein bisschen Inspiration und reichlich schwere Köpfe verdanken.

Max Allen dankt ferner für Anregungen zu einigen Teilen dieses Buchs: George Orwells «The Moon under Water», ein Artikel über das ideale Lokal, erstmals veröffentlicht 1946 im *Evening Standard*, Nachdruck in *The Faber Book of Drink, Drinkers and Drinking*, der als Vorlage zum idealen Weinladen im Kapitel «Geld» gedient hat; und Oliver Mayos herrlich bildhafte Beschreibung eines Winzers beim Schneiden der Reben in dem Buch *The Wines of Australia*, der damit die Inspiration zum regenüberströmten Alten im Kapitel «Sonne» geliefert hat.

Register